Hallie Iglehart · Weibliche Spiritualität

HALLIE IGLEHART

WEIBLICHE SPIRITUALITÄT

TRAUMARBEIT
MEDITATIONEN
UND RITUALE

KÖSEL

Übersetzung aus dem Amerikanischen: Inge Wacker, Magnetsried. Die Originalausgabe erschien unter dem Titel: »Womanspirit. A Guide to Women's Wisdom«. Published by arrangement with Harper & Row, Publishers, Inc., New York, N.Y., U.S.A.

CIP-Kurztitelaufnahme der Deutschen Bibliothek

Iglehart, Hallie:
Weibliche Spiritualität : Traumarbeit, Meditationen
u. Rituale / Hallie Iglehart. [Übers. aus d. Amerikan.: Inge Wacker]. – München : Kösel, 1987.
    Einheitssacht.: Womanspirit ⟨dt.⟩
    ISBN 3-466-34168-X

Inhalt

Einleitung   9

1. Die Entdeckung weiblicher Weisheit   15

Mein persönlicher Weg   15
Das spirituelle Erbe der Frauen   23
   Frauen als Schöpferinnen 29   Frauenkunst der Vergangenheit 30
   Lebendige Geschichte 36   Wiedergeburtsritual 40

2. Durch Meditation zu innerem Wissen gelangen . .   43

Frauen und Meditation   44
Mein Meditationstagebuch   46
Hinweise für die Meditation   50
Der Ort der Meditation   52
Grundlegende Entspannungsübung   54
Tägliches Meditieren   56
Arbeit mit der inneren Ratgeberin   57
   Meine erste Begegnung mit der Ratgeberin 63
Meditieren in der Gruppe   65
   Der Energiekreis 66
Singen und Musik   69

3. Unsere Träume leben   74

Frauen und Träume   75
Hinweise für die Traumarbeit   81
Praktische Ratschläge in Träumen   85
Träume umwandeln   86
Träume planen   89

Träume mit anderen teilen 92
Der Tanz des Traumrads 93   Im Traumrad schlafen 94
Meinen Traum leben 95

4. Gemeinschaftliche und persönliche Mythologie . 97

Frauen in der Mythologie 97
Beiträge zu einer neuen Mythologie 105
Beschäftigung mit der persönlichen Mythologie 105   Die weibliche Ahnenreihe 108   Das Persönliche wird zum Gemeinsamen 109   Meditation über die Entstehung der Welt 111   Herstellung von Masken 112   Du bist die Göttin 114   Deine Lektüre
leben 116

5. Frauen als die neuen Heilerinnen 118

Was ist Heilen? 118
Frauen und Heilen 120
Heilen mit den Händen 122
Energiemeditation 124   Allgemeine Hinweise 126   Der Kreis
zwischen Kopf und Bauch 129   Pressurpunkte für Frauen 132
Heilen in der Gruppe 132
Die Energie lenken 133   Fernheilung 134
Selbstheilung 135
Kreativität und Heilen 137
Kräuter 138

6. Neue Rituale erschaffen 140

Persönliche Rituale 143
Die täglichen persönlichen Rituale erkennen 143   Allgemeine
Hinweise 145   Übergangsphasen 149   Tauschrituale 151   Dank-
ritual 152   Abschied von einem Ritual 153
Rituale für Gruppen 154
Fortlaufende Ritualgruppen 155   Ein persönliches Ritual in der
Gruppe 156   Vorbereitung eines Gemeinschaftsrituals 157   Ein
Ritual für gute Zusammenarbeit 165

7. In Harmonie leben 167

Unser ganzheitliches Selbst 168
  Das Selbst heilen 168 Meditation über die Elemente 169 Deine
  Nahrung 175 Deine Zyklen 177

Rituale für Naturzyklen 179
  Jahreszeitenrituale 180 Geburtsritual 181 Mondrituale 183
  Ritual für das Altern 185 Todesritual 186

»Letzte Möglichkeit für Gesänge« 190

Das Zeitalter der Frau 195

Dank 197

Anmerkungen 198

Einleitung

Die Mutter der Lieder, die Mutter unseres ganzen Samens, hat uns am Anfang hervorgebracht. Sie ist die Mutter aller Rassen und aller Stämme. Sie ist die Mutter des Donners, die Mutter der Flüsse, die Mutter der Bäume und aller Dinge. Sie ist die Mutter der Lieder und Tänze. Sie ist die Mutter der Steine. Sie ist die Mutter von allem, was zum Tanz gehört, und aller Tempel, die einzige Mutter, die wir haben. Sie ist die Mutter der Tiere, die einzige, und die Mutter der Milchstraße. Sie ist die Mutter des Regens, die einzige, die wir haben. Sie allein ist die Mutter aller Dinge, sie allein.

Von den Kagaba,
einer südamerikanischen Indianerkultur

In Kulturen auf der ganzen Welt wurde die Frau lange als Schöpferin betrachtet. Sie wurde verehrt, wegen ihrer Fähigkeit zu gebären, in ihrem eigenen Körper Nahrung zu erzeugen, ihre Leute zum großen Teil (in vielen Fällen hauptsächlich) durch Sammeln mit Nahrung zu versorgen und wegen ihrer Beiträge zum spirituellen und alltäglichen Leben der Gemeinschaft.

Die Vormachtstellung des Mannes als Schöpfer ist eine relativ neue Erscheinung, und doch sind wir alle heute in einer Kultur aufgewachsen, die fast ausschließlich von Männern geschaffen wurde, einer Kultur, die in einem männlichen Gott den Schöpfer allen körperlichen Lebens sieht. Und nun ermöglichen einige der Schöpfungen des Mannes, vor allem seine Technologie, es ihm, die Rolle des Zerstörers einzunehmen, denn wir sehen uns der Möglichkeit einer nuklearen Auslöschung dieses Planeten gegenüber. Ebenso steht uns auch die mögliche Zerstörung unserer Seelen bevor, denn daß wir zwischen Geist und Körper, zwischen Mensch und Natur, eine Trennung schaffen und sie in Konkurrenz zueinander betrachten, hat zu einer Verwirrung der Psyche geführt, wie es sie noch nie zuvor gab.

Wir sind zu sehr aus dem Gleichgewicht geraten. Für uns Frauen ist der Zeitpunkt gekommen, unsere Rolle als Schöpferinnen wiederzuentdecken und auszufüllen, damit dieser Planet weiterbestehen und Frauen und Männer ein schöpferisches, harmonisches und produktives Leben führen können. Wir müssen der Macht weiblicher Weisheit wieder zur Durchsetzung verhelfen. Dies bedeutet nicht, Macht über alles andere ausüben, diese Kraft geht vielmehr vom tiefsten Inneren einer jeden von uns aus und strahlt in die Welt hinaus, wo sie sich mit der anderer verbindet und in Beziehung tritt und so eine ganz neue Art von Stärke schafft.

Ich glaube, daß die Verbindung von Feminismus und Spiritualität einen Zugang zur Wiederentdeckung dieses Wissens und dieser Macht bietet. Spiritualität und Politik sind nicht unabhängig voneinander, das war noch nie der Fall. Wenn wir unser spirituelles Leben anschauen, können wir sehen, wie unser materielles und alltägliches Leben davon beeinflußt ist. Viele unserer Bilder von uns und unserer Macht oder unserer Machtlosigkeit gehen auf frühe spirituelle und religiöse Erziehung zurück. Selbst wenn wir nicht ausgesprochen religiös erzogen worden sind, erreichen uns die Werte der gängigen religiösen Traditionen doch, und zwar über alle möglichen Formen des Unterrichts und der Medien. Zum Beispiel sind wir so gut wie alle mit diesen Vorstellungen aufgewachsen: Der Schöpfer ist männlich; der Körper ist vom Geist getrennt und weniger wert; Geistiges hat nicht unbedingt Einfluß auf die Politik; Frauen hören auf die Männer; die Macht hat am Ende immer ein anderer.

Aus mehreren Gründen verwende ich zur Beschreibung des Weges, den die neuen Schöpferinnen beschritten haben, den Ausdruck »weibliche Spiritualität«. Ich glaube, daß das Wissen und die Weisheit, die sich in einzelnen Frauen und in Frauengruppen entfalten, ganz wesentlich für die Heilung und das weitere Wachstum unserer Welt sind. Ich fand die meisten Meditationen und spirituellen Praktiken männlich geprägter Religionen und geistiger Traditionen im allgemeinen für mich selbst und andere Frauen ungeeignet. In spirituellen Frauengruppen, auf Konferenzen und bei Ritualen finden bestimmte Ansätze und Techniken Anwendung, die für Frauen anscheinend besonders nützlich sind. Alle Meditationen, die ich in diesem Buch beschreibe, habe ich selber erdacht oder aus den Lehren anderer Frauen oder Kulturen abgewandelt, in denen Frauen eine führende Rolle als Schöpferinnen zukommt.

Ich bin eine Frau, die sich selbst zur Welt bringt.
Wir sind Frauen, die sich selbst gebären.
Zeitgenössischer Gesang

Wir können unsere Kraft entwickeln, indem wir täglich Übungen machen, die unseren Körper, unsere Psyche und unsere Seele stärken. Dieses Buch ist für Frauen geschrieben, die Techniken lernen möchten, die sie dazu anwenden können, im Alltag stärker und klüger zu werden. Wenn wir unsere Geschichte als Erschafferinnen der Mythen, als Künstlerinnen und als Heilerinnen wiederentdecken und durch Meditation, Traumarbeit und Rituale zu neuen Bewußtseinsformen gelangen, können wir uns selbst nach unserem eigenen Bild neu erschaffen. Um sich als ganze Person zu entwickeln, ist es wichtig, an allen Bereichen des Selbst zu arbeiten. Das läßt sich dadurch erreichen, daß wir uns dem eigenen Sein durch die Beschäftigung mit persönlicher und gemeinschaftlicher Geschichte und Mythologie und auch durch Meditation, Traumarbeit, natürliches Heilen und Rituale annähern. In einem günstigen Augenblick verschmelzen alle diese Formen miteinander, und wir lernen, intuitiv das zu erfassen und anzuwenden, was wir brauchen.

In diesem Buch spreche ich zwar durchgehend die Frauen an, doch können diese Techniken auch von den Männern angewandt werden, die ihr intuitives, sanftes, tieferes Selbst entwickeln und ihre eigenen weiblichen Seiten besser verstehen wollen. Dieses Buch ist für alle, die von der weiblichen Weisheit lernen und das wahre Wesen der weiblichen Spiritualität wiederentdecken wollen. Nur wenn wir uns einen Zugang zu unserer tiefen spirituellen Kraft verschaffen und sie in Handeln umsetzen, können wir dauerhafte Veränderungen der gesellschaftlichen, politischen und ökonomischen Bedingungen bewirken.

Ich empfehle sehr, diese Übungen allein und mit anderen zusammen zu machen, mit Freundinnen, einer Frauengruppe oder mit einer Mitbewohnerin oder Partnerin. Die Gruppenenergie, die sich in meinen Kursen und Ritualen aufbaute, war wesentlich stärker als alle anderen mir bekannten spirituellen Techniken. Die Konzentration auf die weibliche Energie in einer Gruppe erzeugt eine spirituelle Kraft und einen Nährboden, die uns in die Lage versetzen, unsere eigenen Schöpferinnen zu sein und Visionen und Praktiken hervorzubringen, um die Welt um uns herum zu wandeln. Da die Gruppenenergie so wichtig ist und die beste Möglichkeit, uns gegenseitig etwas zu lehren, darin besteht, uns unsere Geschichten zu erzählen, kommen hier viele Geschichten von meinem eigenen Weg und dem anderer Frauen vor.

Dieses Buch besteht aus ein- und weiterführenden Übungen, die allein und in Gruppen durchgeführt werden können[1]. Die Reihenfolge ist dieselbe wie in meinen Kursen, von der Geschichte gehe ich zur Meditation, von den Träumen zu den Mythen und vom Heilen zum Ritual. Diese Reihenfolge muß jedoch nicht eingehalten werden, jeder sollte dieses Buch eigener Intuition und eigenen Bedürfnissen entsprechend verwenden. Wir alle sind Schöpferinnen, und eine neue Welt wartet auf ihre Entstehung. Es geht darum, daß jede von uns ihren eigenen Weg geht und ihre eigene weibliche Weisheit innerhalb der größeren Weisheit, die uns allen gemeinsam ist, entdeckt.

Glieder der Feuerkette

Jeden Morgen bei Tagesanbruch, wenn ich vor meiner Feuerstelle
   knie,
kreuzweise Span auf Span schichte
über trockener Eukalyptusrinde,
jetzt die größeren Zweige, den Scheit
(mit Dank an den Baum für sein Leben)
das Streichholz anreibe und auf die züngelnde Flamme warte,
weiß ich, daß ich das Glied einer Feuerkette bin,
das mich mit jeder Frau verbindet, die eine Feuerstelle unterhält.

Im harzigen Rauch
rieche ich Hütte, Schloß und Höhle,
Haus und Schuppen,
sehe in der flackernden Flamme meine Mutter
und meine Großmütter draußen in der ganzen Welt
durch die Jahrtausende zurück bis in die Altsteinzeit
in Felshöhlen, wo der Feuerstein erstmals Funken schlägt
(Funken, die Äonen später in meiner Feuerstelle lebendig sind).
Ich sehe Mütter, Großmütter zurück bis zu den Anfängen
kauernd neben Vertiefungen in der Erde
im Iglu, im Tipi, in der Hütte,
den Zauber hütend, den kein anderes Wesen erlernt hat.
Ehrfürchtig, ehrerbietig vor dem heiligen Feuer hockend
lebendige Kohle in ihrer Gemeinschaft weitergebend.

Denn niemand kann Feuer besitzen.
Es stellt sich zur Verfügung.
Jede Hüterin des Feuers weiß das.
Wenn wir, ohne Feuerstelle, in der Dunkelheit eine Kerze anzünden,
wissen wir das heute noch.
   Feuer stellt sich zur Verfügung.
Um unserem Leben zu dienen.
   Wenn wir das Feuer in Gang halten,
bei der Wintersonnwend, neues Leben entfachend
mit Funken aus alter Zeit
aus schwarzen Kohlen aus alter Zeit,
und sie wieder aufglühen sehen,
erschaudernd vor dem Geheimnis,
erkennen wir das Furchterregende der Wiedergeburt.

Elsa Gidlow[2]

1 Die Entdeckung weiblicher Weisheit

Es kann kein Zweifel daran bestehen, daß die magische Kraft und der Zauber des Weiblichen in den frühesten Zeiten der Menschheitsgeschichte ein ebensolches Wunder waren wie das Universum selbst.

Joseph Campbell
The Masks of God: Primitive Mythology

Meine Fähigkeiten als eine Schöpferin entdeckte ich im Verlauf eines Prozesses, in dem ich den Einfluß über mein inneres Selbst, den Ursprung meines Daseins, wiedererlangte. Bisher hatte ich diesen Einfluß »Experten« überlassen – und das waren fast alles Männer und sie waren nicht aus meinem eigenen Kulturkreis. Die Entdeckung meines inneren Selbst und mein zunehmendes Vertrauen in dieses gehört zu meinen freudigsten und nachhaltigsten Erfahrungen. Je tiefer ich Zugang zu mir selbst finde, um so enger wird der Kontakt zu dem umfassenderen Selbst in mir, zu dem Verbindungsglied mit der Lebensenergie, die allen Lebensformen gemeinsam ist.

Mein persönlicher Weg

Ich bin auf dem Land auf einem Bauernhof aufgewachsen. Der Wechsel der Jahreszeiten, das Wetter, die Tiere und die Insekten und die Bäume, der Mond und die Sonne waren meine Lehrer. In der Schule kam ich mit anderen Kindern zusammen, auch hatte ich vier jüngere Geschwister, doch verbrachte ich sehr viel Zeit allein, und oft las ich dann. Ich verschlang alles, was mir über alte Kulturen in die Hände fiel und war begeistert von den

15

Mythologien, Heldinnen und Göttinnen. Im Sommer las ich jeden Tag ein Buch und erfuhr immer mehr über diese mächtigen, lebendigen Göttinnen. Weitere Vorbilder für mich waren meine Mutter und deren Mutter, beide starke Bäuerinnen. Irgendwo in meinem Hinterkopf existierte die Vorstellung, daß es für Frauen möglich sei, Macht zu haben und sie direkt zum Ausdruck zu bringen. Doch die Welt lehrte mich anderes, und ich akzeptierte diese »Realität«.

Im Alter zwischen 16 und 21 versuchte ich, in der Politik der »Neuen Linken« Antworten auf meine Lebensfragen zu finden. Was ich tat, erschien mir im großen und ganzen sinnvoll, aber der Sexismus und Egoismus einiger männlicher politischer Organisatoren störten mich. Doch zu der Zeit hatte ich noch nichts von Sexismus oder Machtrausch gehört und suchte die Ursache für meine unausgesprochenen Fragen in eigenen Unzulänglichkeiten.

Mit der Zeit verlagerte sich meine politische Arbeit auf eigene, mir näherliegende Bedürfnisse. Während dieser Jahre wandte ich mich von der Bürgerrechtsbewegung dem Kampf gegen die Armut, der Friedensbewegung und schließlich radikalen Bildungsreformen zu. Mit 21 Jahren ging ich noch einen Schritt weiter und fing an, meine Rolle als Frau zu hinterfragen. Zur gleichen Zeit begann ich, mich mit Yoga und Meditation zu beschäftigen. Ich versuchte, in mir selbst und in östlichen Traditionen einige Antworten auf Fragen zur Veränderung der Welt zu finden, die ich im Westen und in der Politik vergeblich gesucht hatte. Doch dabei stieß ich auf Widersprüche, wie bei einer Begebenheit, die ich in meinem Tagebuch festhielt:

Ich genieße den Geruch der Räucherstäbchen und die Klänge des Harmoniums, von denen der Meditationsraum dieses Zentrums erfüllt ist. Ich bin 21. Es dämmert. Zusammen mit dem freundlichen rundlichen Swami und den drei Mönchen, die in dem Zentrum leben, sitze ich auf dem dicken Teppich. Wir singen Sanskritworte und verbringen eine Stunde in stiller Meditation. Obwohl ich so etwas noch nie zuvor getan habe, fühle ich mich hier sehr friedvoll und heimisch.

Doch was soll das Foto von dem Mann dort auf dem Altar mit den Blumen? Ich hatte gemeint, daß er lediglich der Begründer der Organisation sei und es hieß, es gäbe keine Götter... Wenn ich mehr weiß, wird sich das sicherlich aufklären...

Die Meditation ist beendet. Der jüngste Mönch, Jana, der neu ins Zentrum eingetreten ist, kommt zu mir. In seinem orangefarbenen Gewand beugt er sich über mich und lehnt sich an mich: »Ich bin sehr beeindruckt davon, Hallie, wie still du während der Meditation gesessen hast. Bestimmt hast du das schon in einem früheren Leben getan und bist schon ziemlich fortgeschritten.«

»Danke, Jana.«

»Weißt du, mir fällt es ziemlich schwer, mich an die Regeln des Mönchseins zu gewöhnen – Enthaltsamkeit ist besonders hart für mich, Hallie.«

»Das tut mir leid. Ich muß jetzt gehen.«

Warum bin ich in einem spirituellen Zentrum solcher Anmache ausgesetzt? Ich bin wütend, daß ich als einzige junge Frau in dem Zentrum Zielscheibe dafür bin.

Auf dem Heimweg von der Bushaltestelle denke ich fasziniert über Janas Aussage nach, daß ich frühere Leben gelebt haben könnte. Ich bin ganz überwältigt, die Gedanken wirbeln in meinem Kopf herum. Wie ist das möglich, daß ich jetzt hier entlanggehe und schon einmal zu einer anderen Zeit an einem anderen Ort, vielleicht sogar mehrmals, gelebt habe? Und wenn ich mir vorstelle, daß ich vielleicht gar nicht so eine Anfängerin bin und mich gar nicht so abmühen muß, wie ich zuerst dachte!...

Doch bin ich wirklich bereit, diesen Zustand anzunehmen? Die mir bekannten Reinkarnationsglaubenssysteme gehen davon aus, daß ich, um spirituell erfolgreich zu sein, als Mann wiedergeboren werden muß. Die Männer in dem Zentrum, einschließlich Swami und Begründer, sind keineswegs hochstehender oder besser als ich. Was bedeuten diese Worte überhaupt – »höher« und »besser«?...

Das sieht wieder ganz nach Hierarchie aus. Überall sonst geht es um eine Hierarchie des Geldes und der Rassenzugehörigkeit. Hier ist es eine Hierarchie des Bewußtseins. Gegenüber der Politik als Mittel zur Veränderung der Welt hatte ich eine zynische Einstellung bekommen, doch hatte ich angenommen, daß in der geistigen Welt alle gleich sind. Doch da ich weder ein Mann noch »erleuchtet« bin, gelte ich als minderwertig... Mir wird jetzt deutlich, was das heißt, machtlos zu sein, und ich stelle fest, daß ich in der materiellen Welt wirklich nicht viel Macht habe, geschweige denn in dieser spirituellen Welt dort.

Ich bin verwirrt und wütend. Wieder einmal beschließe ich, anderswo nach meinen Antworten zu suchen.

Während der nächsten drei Jahre war ich körperlich und auch psychisch zwischen meinem feministischen und spirituellen Selbstverständnis hin- und hergerissen. Ich engagierte mich für die amerikanische feministische Gesundheitsbewegung und war in Amerika, Europa und Asien unterwegs, um mich mit spirituellen Praktiken zu beschäftigen.

Mit 22 reiste ich auf dem Landweg von England nach Nepal und zurück. Dieses Unterwegssein war aufregend und machte mir Angst, wir wußten nie vorher, wo wir als nächstes Halt machen und welche Menschen und was für ein Land uns erwarten würden. Zweimal mußten wir vor Banditen die Flucht ergreifen. Ein Dollar pro Tag reichte für Unterkunft, Essen und Fahrtkosten. Ich hatte das Gefühl, mich gegenüber der Welt ganz und gar geöffnet zu haben.

In der Türkei sah ich Frauen, die von Kopf bis Fuß verschleiert waren. Im Iran mußte ich mich zu meinem Schutz von vier Männern aus dem Westen begleiten lassen. Trotzdem schoben Mohammedaner sich an ihnen vorbei und betatschten mich. Ich war verwirrt, ärgerlich, hilflos und wütend und empfand Entfremdung und Groll gegenüber meinen Freunden, die trotz ihrer Betroffenheit über meine Diskriminierung als Frau nicht darunter zu leiden hatten. In Indien gingen mein Begleiter und ich ins Gebirge, um der sengenden Hitze zu entfliehen. Nach einer Weile ging uns das Geld aus, und ich war die meiste Zeit hungrig und kämpfte schließlich nicht mehr dagegen an. Als ich krank wurde, erlitt ich die größten Schmerzen, die ich je empfunden hatte. Allmählich begriff ich, wie behütet ich in Amerika aufgewachsen war.

Aber mir wurde auch klar, was ich entbehrt hatte. Zum ersten Mal seit meiner Kindheit war es mir möglich, die natürlichen Rhythmen der Erde zu erleben. Während eines kalten Winters im Himalaja auf meiner zweiten Asienreise wurde ich mit den Elementen vertraut. Der gelegentliche Sonnenschein bedeutete

Wärme, Licht, Sicherheit und die Möglichkeit sich zu waschen. Nacht für Nacht beobachtete ich den Zyklus des Mondes und der Sterne. Ich fand heraus, daß sich bei Neumond die erste weiße Mondsichel gleich nach Sonnenuntergang wieder im Westen zeigte. Ich erfuhr, wie sich extreme Kälte Tag und Nacht auf einen Menschen auswirkt. Durch die Abhängigkeit von einer Feuerstelle für Wärme, Essen, Licht und Tee lernte ich Geduld. In einer Frostnacht mit einem halben Meter Schnee versuchten wir eine Stunde lang, das nasse Holz anzuzünden. Frierend und hungrig gaben wir schließlich wortlos auf. Als wir uns abwandten, flammte das Feuer plötzlich auf.

Von den Tibetern in meiner Nähe lernte ich ebenso viel wie von meiner Gebirgsumgebung. Ich schrieb in mein Tagebuch:

Ein kalter Märzmorgen im Himalaja, draußen ist es noch dunkel. Ich wache von den eiligen Schritten auf der Straße auf. Schnell ziehe ich die Kleidung an, die ich mir für den heutigen Tag zurechtgelegt habe, und vergesse auch den weißen Schal nicht, den ich im Tempel brauche. Es ist der erste Morgen der tibetischen Neujahrsfeiern, die einen Monat lang dauern. Schon seit Wochen strömen Menschen aus den Bergen und Nomaden auf den Marktplatz, denn in diesem Ort haben der Dalai Lama, der religiöse und weltliche Führer, und die tibetische Exilregierung ihren Sitz. Jeden Tag tauchen neue Gesichter, neue Trachten und neue Dialekte auf. Den ganzen Winter lang waren bis ins Gebirge hinein die außergewöhnlichen Gesänge der Mitglieder der Schauspielschule zu hören gewesen, als sie die sechsstündigen Volksopern probten, die sie bei den Feierlichkeiten aufführen würden. Wir alle haben lange auf diesen Morgen gewartet.

Meine Freunde und ich eilen auf die Straße. Ich bin sehr aufgeregt und voll freudiger Erwartung, so wie als Kind kurz vor Weihnachten. Doch heute erlebe ich ein Gemeinschaftsgefühl, wie ich es aus meiner Kindheit nicht kenne. In ihren neuen Kleidern strömen alle aus ihren Häusern auf die Straße und begrüßen einander. Wir folgen dem Strom der Menschen die Straße hinunter zum Tempel. Hunderte von Tibetern und eine Menge Ausländer drängen sich auf dem Rasen des Hofes. Den meisten bin ich auf dem Markt, auf der Straße, den Gebirgspfaden, in den Läden und Restaurants schon begegnet. Jetzt sind wir alle zum erstenmal auf einem Platz versammelt. Wir lächeln, reden, verständigen uns mit Zeichensprache, lachen.

Wir sind umgeben von den dunklen Klängen der Mönchsgesänge, den Tönen ihrer fast zwei Meter langen Blasinstrumente und dem Geläute der Schellen und Glocken. Die Mönche und der Dalai Lama haben die Nacht mit Ritualen zur Begrüßung des Neuen Jahres verbracht. Wenn der Dalai Lama auf dem Balkon erscheint, werden wir eintreten und unsere weißen Schals über eine der drei Statuen werfen, die verschiedene Erscheinungen Buddhas darstellen, und einen Neujahrswunsch tun. Ich sehe in Buddha eine weise Person – keinen Gott – doch respektiere ich die tibetische Tradition und halte meinen Schal bereit. Ich möchte einen ganz spontanen Wunsch äußern.

Die Stunden vergehen. Alle warten. Der Dalai Lama kommt! Nein – doch nicht – später – jetzt! Nein! . . . Ich schaue in all die Gesichter der Tibeter um mich herum und dann hinauf ins Gebirge, das uns fortwährend Schutz zu bieten scheint. Meine Augen machen beim Balkon halt. Plötzlich steht dort der Dalai Lama. Ich habe ihn nicht herauskommen sehen: er war einfach plötzlich da. Er lächelt uns an, und ich spüre, wie eine von ihm ausgehende Energiewelle uns erreicht und wieder zu ihm zurückfließt. Das Wort Liebe verwende ich selten, doch kenne ich nur dieses Wort, um zu beschreiben, was zwischen uns hin- und herfließt und uns umbrandet.

In der Menge steigen wir die gewundenen Treppen zum Tempel hinauf. Es geht sehr langsam vorwärts. Noch nie habe ich so etwas empfunden wie diese intensive, aber dennoch konzentrierte Aufregung, die Schönheit und Kraft des Rituals und vor allem die Freude der Menschen, die das neue Jahr begrüßen. Im Tempel angekommen bewege ich mich mit der Menge auf die großen Goldstatuen zu. Ich werfe den Schal über meinen Kopf; er bleibt an der erhobenen Hand des mittleren Buddhas hängen. Mein Wunsch fliegt mit hinauf! Ich fühle mich ganz – eins mit mir selbst und all den anderen Menschen hier. So habe ich noch nie empfunden. Ist das die religiöse Ekstase, von der geredet wird – Erleuchtung, Nirwana?

Das Leben in einer Kultur, in der das Geheimnisvolle Bestandteil des alltäglichen Lebens ist, hat mein Bild von der Wirklichkeit grundlegend verändert. Ich habe mit den Tibetern viele Erfahrungen gemacht, die ich nicht für möglich gehalten hätte, wären sie mir nicht selbst passiert. Zum Beispiel beobachtete ich während der Neujahrsfeierlichkeit einen Lama (Priester), der heftig in seine Trompete blies und seine Arme gegen die tiefgrauen

Wolken erhob, die uns im Umkreis von Hunderten von Kilometern umgaben. Es hagelte so stark, daß die Morgenzeremonien dadurch in Frage gestellt waren. Die Trompete des Lamas wurde lauter, das rituelle Feuer neben ihm loderte auf. Wenige Augenblicke vor dem festgelegten Beginn der Feierlichkeiten öffnete sich über uns ein kleines Stück blauer Himmel. Als die Zeremonien vorüber waren, beendete der Lama sein Ritual, die Wolkendecke schloß sich wieder und es hagelte von neuem.

Ich lernte bei den Tibetern das Leben in einer Gesellschaft kennen, in der Kunst, Philosophie und Alltag in eine Religion eingebunden sind, die heilend und liebevoll ist. Immer wieder fiel das Wort »Mitgefühl«, sowohl im Zusammenhang mit abstrakten Lehren wie auch unter den Leuten auf der Straße. Ein tibetischer Freund sagte mir, daß weinende oder streitende Kinder in Tibet ein seltener Anblick seien, weil sie von Anfang an lernen, daß alle Lebewesen Teil eines Ganzen sind. Daher sind Streit und Gewalt selbstzerstörerisch. Er erzählte mir, wie entsetzt die Tibeter waren, als sie anfangs als Flüchtlinge nach Indien kamen und sahen, wie die Leute dort gedankenlos Fliegen töteten.

Tibeter meditieren fortwährend mit Gebetsketten, Gebetsfahnen und Gebetsmühlen, damit alle empfindungsfähigen Wesen erleuchtet werden mögen. Ich schätze die Tibeter wegen ihres Humors, ihrer Weisheit und ihrer mannigfaltigen Kultur. In dieser Gesellschaft wird Ganzheitlichkeit gefördert, und das Wissen, daß diese Art Integration möglich ist, bestärkt mich in meiner Suche.

Doch selbst in der friedvollen Umgebung des Himalajas gingen mir die Erfahrungen nicht aus dem Sinn, die ich auf dem Weg nach Indien gemacht hatte. Vor allem eine Begebenheit war mir noch ganz lebhaft und wirklichkeitsnah in Erinnerung: In Afghanistan beschloß ich eines Tages, ohne meine gewohnten männlichen Beschützer, die sonst die grapschenden Hände der mohammedanischen Männer von mir abwehrten, ins Zentrum der Stadt zu gehen. Auf dem Weg zum Marktplatz spürte ich plötzlich eine Hand zwischen meine Beine gleiten. Wutentbrannt wandte ich mich um und wollte dem Mann eine Ohrfeige geben. Entsetzt stellte ich fest, daß überall um mich herum diese schwarzgekleideten Männer waren. Wenn ich meiner Wut gegenüber meinem Angreifer freien Lauf ließ, wäre wahrscheinlich ich diejenige, die nicht lebend davonkommen würde. Ich brachte mich in meinem Zimmer in Sicherheit.

Bei meinem Bemühen, den Schock dieser und anderer Begegnungen zu verarbeiten, wurde mir unter anderem die Macht von Religionen deutlich. Mir war klar, daß islamische Glaubenslehren, die beinhalten, daß Frauen Männern gegenüber minderwertig sind, und die durch tägliche Gebete bekräftigt werden, ganz eng mit der gesellschaftlichen und politischen Stellung der Frauen in islamischen Ländern verknüpft sind. Ich erkannte, daß überall auf der Welt die gesellschaftliche Rolle der Frauen in den religiösen Institutionen widergespiegelt und von ihnen beeinflußt wird, gewöhnlich auf sehr destruktive Weise. Christentum und Judentum verkünden allgemein, daß Gott männlich ist und Frauen – milde ausgedrückt – demütig zu sein haben, mit Sicherheit jedoch keine religiöse Führungsrolle übernehmen können. Selbst bei den Tibetern gibt es geschlechtliche Diskriminierung. Auch im Buddhismus hat es Lehrmeinungen gegeben, daß eine Frau als Mann wiedergeboren werden muß, um Erleuchtung zu erlangen, und verhältnismäßig wenige Frauen haben Zugang zu dem mit Prestige und Einfluß verbundenen religiösen Leben. Auf meinem spirituellen Weg empfand ich die Hierarchie des Bewußtseins männlich bestimmter Religionen ebenso unterdrückend und den eigenen Zwecken dienend wie viele politischen Hierarchien. Es ist nicht verwunderlich, daß ich auf keine Religion oder Philosophie stieß, die meinem erwachenden Gefühl meiner selbst als vollwertiges menschliches Wesen Nahrung bot.

Mir wurde klar, daß ich als eine Frau der westlichen Welt des 20. Jahrhunderts nicht außerhalb meiner selbst und meiner Kultur nach Antworten suchen konnte. Ich wollte wissen, ob andere Frauen ähnliche spirituelle Entdeckungen und Verwirrungen hinter sich hatten und hoffte, auf ein spirituelles Frauenbewußtsein zu stoßen, das ebenso kraftvoll war wie das, was ich bei den

Tibetern erfahren hatte, jedoch meinem inneren Wesen näher stand und weniger Unterdrückung bedeutete.

Das spirituelle Erbe der Frauen

Nach dieser längeren Zeit des Reisens kehrte ich nach Amerika zurück, fand eine Stelle und arbeitete ehrenamtlich im Frauengesundheitszentrum und bei einer Telefonberatung in San Franzisko. Ich schloß mich einer Selbsterfahrungsgruppe an und beteiligte mich an einem Frauen-Forschungsprojekt. Was ich hierbei lernte, hatte sehr viel stärkeren Einfluß auf mich als erwartet.

Viele meiner Erfahrungen im Frauengesundheitszentrum zeigten mir, daß mein »spirituelles« Selbst und mein »politisches« Selbst nicht nebeneinander existieren. Ich habe den Begriff »spirituell« nie gemocht, weil dadurch zum Ausdruck kam, daß meine Meditationen, meine Träume, meine Kreativität und viele andere Bereiche meines Lebens unabhängig von meinem übrigen Selbst existierten. Mir wurde klar, daß diese Trennung zwischen spirituellem, politischem und persönlichem Leben meine Ohnmacht fortschrieb. Wenn ich eine Eingebung oder Meditation, die mit meiner Arbeit zu tun hat, mißachtete, leugnete ich damit mein eigenes Wissen und meine Kraft. Ich spürte, daß Frauen einen besonders direkten Zugang zu dieser Kraftquelle haben, sowohl biologisch wie auch gesellschaftlich. Allmählich nahm ich die Verbindung zwischen vielen Teilbereichen von mir wahr. Wenn das Wort »spirituell« eine Bedeutung für mich hatte, dann im Sinne von Integration und Handeln aus meinem ganzheitlichen Selbst – meinem Verstand, meinem Körper und meinen Gefühlen – heraus, der Verbindung zwischen Persönlichem und Politischem, Spirituellem und Materiellem, dem Innen und Außen.

Zu der Zeit galt zwar spirituelle und ganzheitliche Medizin in den meisten Frauengruppen im allgemeinen als unbedeutend und nicht praktikabel, doch stieß ich auf andere, die ähnliche Entdeckungen machten und ähnliche Verbindungen herstellten wie ich. Ich schrieb in mein Tagebuch:

Es ist so einfach. Ich brauche nur in mich hinein und auf andere Frauen zu schauen und auf uns und das zu vertrauen, was ich intuitiv schon immer wußte. Wir sind in dem Glauben aufgewachsen, daß wir unwissend sind – daß unsere Lehrer, Chefs, Liebhaber und Ehemänner es besser wissen. Doch jetzt weiß ich, daß wir wirklich Wissen haben und daß die Welt unsere Ideen und unsere Art zu leben dringend braucht, um wieder ins Gleichgewicht zu kommen. Ich habe das Gefühl, »heimgekommen« zu sein.

Ich begann, mich mit präpatriarchalischer Geschichte zu beschäftigen. Anstatt zu akzeptieren, daß Frauen tatsächlich viele der grundlegenden Bausteine der Zivilisation geliefert hatten, hatte ich anfangs oft Zweifel an dem, was ich gelesen oder in den Vorlesungen gehört hatte. Ich dachte mir, daß ich einfach an die frühere Macht und Autorität von Frauen »glauben wollte«. Die Mär von der männlichen Überlegenheit war tief in mir verwurzelt. Es dauerte lange, bis ich sie ausgegraben und mir vergegenwärtigt hatte, daß Frauen und deren Werke tatsächlich von der Geschichte übersehen und von ihr »gelöscht« worden sind.
Die Lektüre von *Am Anfang war die Frau* von Elizabeth Gould Davis[3] und *Mothers and Amazons* von Helen Diner[4] brachte mich zu der Überzeugung, daß entgegen dem, was wir aus den meisten herkömmlichen Geschichtsbüchern gelernt haben, die Frauen in antiken Kulturen eine vorrangige Rolle innehatten. Sie genossen hohes Ansehen als Führerinnen, Priesterinnen, Heilerinnen, Künstlerinnen, Erfinderinnen und Erbauerinnen ebenso wie als Mütter, Hausfrauen und Ernährerinnen. Mir wurde klar, daß auf Grund der Vorurteile, die dazu geführt hatten, daß Frauen in Geschichtsbüchern nicht vorkommen, viele Kulturen als »primitiv« abgestempelt wurden, die das keineswegs waren. Tatsächlich basierten einige der frühen matrifokalen Kulturen auf Gleichheit, Allgemeinbesitz, sie waren friedfertig und für ihre Zeit kulturell und technisch auf einem hohen Entwicklungsstand.[5]

Vieles weist darauf hin, daß diese Kulturen wesentlich friedfertiger, schöpferischer und gemeinschaftlicher waren als unsere, daß
grundlegende gesellschaftliche und wirtschaftliche Ungerechtig-
keiten, von denen unsere heutige Welt geprägt ist, kaum vorkamen. Kulturen, deren Hauptnahrungsbedarf durch das Sammeln
gedeckt wird, wie das bei den meisten präpatriarchalischen
Kulturen der Fall war, beruhen meist auf gemeinschaftlichem
Besitz, wobei jeder sich für gemeinschaftliche Belange zuständig
fühlt. Archäologen haben herausgefunden, daß es keine gesonderten Herrschaftsstrukturen gab, denn alle lebten und regierten
gemeinsam. Das Nichtvorhandensein von Festungsanlagen und
Waffen bei archäologischen Ausgrabungen solcher Kulturstätten
wie Catal Hüyük (Türkei, ca. 3000 v. Chr.) und Kreta
(3000–1500 v. Chr.) weist darauf hin, daß diese beiden Gesellschaften mindestens 1000 Jahre lang im Frieden lebten. Bemerkenswert ist, daß zwar überall Altäre und Schreine, jedoch keine
gesonderten Tempel gefunden wurden, ein Hinweis darauf, daß
Spiritualität Bestandteil des alltäglichen Lebens war. Merlin
Stone hebt hervor[6], daß Geschlechterdiskriminierung, Klassen-
schranken, Rassismus, Gewalt und Religionshierarchien eine
Begleiterscheinung des Patriarchats sind. So wurde zum Beispiel
die Vorstellung, daß hell höher zu bewerten sei als dunkel (anstatt
darin lediglich einen anderen Spektralbereich zu sehen), in
Indien von den Ariern, aus dem Norden kommenden patriarchalischen Invasoren, eingeführt, um so ihre Herrschaft über die
friedlichen, dunkelhäutigen drawidischen Ureinwohner, die Göttinnen verehrten, zu festigen.
Archäologische, anthropologische und geschichtliche Erkenntnisse weisen darauf hin, daß die Frau jahrtausendelang das
Zentrum des menschlichen Lebens und der Spiritualität war.
Spiritualität war die Grundlage einer ganzheitlichen Weltsicht,
die menschliche Beziehungen, materielles Leben und Koexistenz
mit allem Lebendigen umfaßte. Die natürlichen Fähigkeiten der
Frauen, Leben und Nahrung zu geben, außerdem die Übereinstimmung ihrer Menstruationszyklen mit dem Mondzyklus, gal-
ten wahrscheinlich als Beweis für ihre intime Beziehung zu den

Kulturen Europas und des Mittelmeerraums

Diese Tabelle bietet einen kurzen Überblick über einige prähistorische und historische Aspekte eines Teilbereichs der Welt. Gelehrte und Wissenschaftler vertreten abweichende Auffassungen über Datierung und Bedeutung von Werkzeugfunden, die bei jeder neuen Entdeckung wieder eine Veränderung erfahren, doch über die Veränderungen der Stellung der Frauen besteht allgemein Übereinstimmung.

	PALÄOLITHIKUM (ALTSTEINZEIT)	NEOLITHIKUM (JUNGSTEINZEIT)	MINOISCHE PERIODE	ANTIKE: GRIECHENLAND UND ROM	MITTELALTER UND RENAISSANCE	MODERNES INDUSTRIEZEITALTER: EUROPA UND VEREINIGTE STAATEN
	35000–8000 v. Chr.	8000–3000 v. Chr.	2900–1000 v. Chr.	1000–100 v. Chr.	100 v. Chr.–1600 n. Chr.	1600–Gegenwart
Lebensunterhalt	Sammeln und Jagen	Sammeln und Jagen, Handel, Landwirtschaft, Tierhaltung	Landwirtschaft, Handel, Fischen, Tierhaltung	Landwirtschaft, Fischen, Handel, kriegerische Eroberungen	Feudalismus, Handel, Landwirtschaft, mittelständisches Kaufmannswesen	Landwirtschaft, Handel, Kriege, Industrialisierung und Kapitalismus
Kunst	Höhlenmalerei (Europa): Malerei und Skulpturen, Mond- und Jahreszeitenkalender, Brüste, Vulven, kaum menschliche Figuren	Catal Hüyük (Anatolien, Türkei), 6500–5650 v. Chr.: Statuen von Göttinnen und weiblichen Figuren in jugendlichem, mittlerem und hohem Alter, häufig mit Katzen; Gemälde von Zeremonien mit Todessymbolen	kretische Kultur, 2900–1350 v. Chr.: nacktbusige Priesterinnen/Göttinnen mit Schlangen; Tongefäße mit Meerestieren; Stierhorn(mond)-skulpturen; Frauen und Tiere überwiegen	realistisch; menschliche Figuren überwiegen; Kunst wird idealisiert	hauptsächlich kirchliche Kunst; späte Renaissance: überwiegend männliche Künstler	überwiegend männlich; zunehmend abstrakt und technologisch

Status der Frauen	Bei der künstlerischen Darstellung menschlicher Figuren überwiegen weibliche Gestalten; vielerorts sorgen Frauen durch Sammeln größtenteils für die Nahrungsversorgung	Weibliche Figuren überwiegen in der Kunst; Auftreten weiblicher Gottheiten und Göttinnen	Hauptsächlich Göttinnen und Priesterinnen; matrilineare Regierungsfolge (Beispiel: ägyptische Dynastien); Abspaltung »weiblicher« Kräfte	keine Wahlen; Männer dominieren; wenig weibliche Führung in Kunst und Regierung; Überreste von »Amazonenstämmen«, die von Frauen geführt werden	wenige Frauen in der Regierung und als religiöse Führerinnen; einige Frauen erleben in Klöstern größere Freiheit	Technologie entlastet Frauen, entwertet jedoch ihre Arbeit; im 20. Jahrhundert gewinnen Frauen das Wahlrecht zurück, Feminismus gewinnt Einfluß
Politik, Geisteswelt, Gesellschaft	Gleichheitliches und gemeinschaftliches Stammesleben, Technologie; Integration aller Lebensbereiche; flache Höhlen und provisorische Bauten für das Alltagsleben; tiefere Höhlen für besondere Zeremonien	Catal Hüyük: die gleichen Plattformbauten dienen sowohl für Versammlungen, zum Arbeiten, für Zeremonien wie auch zum Schlafen und Essen; die Toten werden direkt neben den Bauten begraben; hauptsächlich Gräber von Frauen und Kindern; Tod und Alltagsleben integriert	Kretische Kultur: »Paläste« dienen allen als Lebens- und Arbeitsbereich; 1000 Jahre lang Frieden; hochentwickelte Technologie	Spezialisierte, nach Schichten gegliederte Sklavengesellschaft; die bisher ganzheitliche Göttin wird in zahlreiche schwächere Göttinnen aufgeteilt, die der einem Gott unterstehen; Kriege von Stadtstaaten und Reichen	Nach Schichten unterteilte Gesellschaft; männlicher Gott mit weiblicher Fürsprecherin (Christentum); Millionen Frauen, Männer und Kinder, die der Naturreligion folgen, Bauernführer und Heilkundige werden als Hexen verbrannt	Trennung der Religion von Regierung und Geschäftswesen; Wiedererstehen von Naturreligionen, denen »Göttinnen« vorstehen; Frauen erlangen im 20. Jahrhundert einen Teil innerer und äußerer Macht zurück; spirituelle Entwicklung wird von der technologischen überholt

ANMERKUNG: Die Theorien über die Ursache des Niedergangs matrifokaler Kulturen weichen voneinander ab – Merlin Stone: Matrifokale Kulturen werden von eindringenden patriarchalischen Barbaren erobert; Jung: Soziales und psychisches Bedürfnis nach Ausgewogenheit des »männlichen« Elements in einer matrifokalen Welt; Sandra Ross: Kombination der obigen Ursachen mit Betonung auf Bevölkerungswachstum und daraus resultierend Spezialisierung und Technologie, Landwirtschaft, Privatbesitz, Kleinfamilie und Arbeitsteilung.

Geheimnissen des Universums. So wurden Frauen als Schamaninnen, Heilerinnen, Priesterinnen und Prophetinnen verehrt.[7]
Durch die Beschäftigung mit Frauenkulturen habe ich eine neue Sicht meiner selbst und meiner Gesellschaft gewonnen und Anregungen bekommen, beides zu verändern. Meine tiefe Überzeugung, daß die Welt nicht so sexistisch, rassistisch, sozial benachteiligend und voller Gewalt wie heutzutage zu sein braucht und daß sie nicht immer so gewesen ist, ist bestätigt worden. Tatsache ist, daß die Beschäftigung mit anderen Kulturen mir die Augen darüber geöffnet hat, daß unsere Gesellschaft sogar noch mehr aus dem Gleichgewicht geraten ist als ich gedacht hatte. Die Betonung der weiblichen Energie ist notwendig, um das Gleichgewicht im Leben und in der Psyche sowohl von Frauen als auch von Männern wieder herzustellen. Durch die Mißachtung der Frauen und der Frauenkulturen wird die Machtlosigkeit der Frauen und das gestörte Gleichgewicht der Männer fortgesetzt. Starke Frauen der Vergangenheit sind mir Vorbild geworden und haben mir geholfen, an mich selbst und an die Fähigkeit aller Frauen zu glauben, zu Wachstum und Überleben beizutragen. Wenn ich über diese Frauen und ihr Leben meditiere, gelange ich zu einem tieferen Verständnis meiner eigenen Fähigkeiten.
Diese Erkenntnisse und der Wunsch, andere Frauen zu finden, mit denen ich spirituelle Erfahrungen machen konnte, waren Ausgangspunkt meines ersten Seminars über weibliche Spiritualität. Wir befaßten uns mit Frauengeschichte, Heilwesen und Meditation. Als wir uns gegenseitig mit unserem Wissen und unserer Begeisterung anregten, spürte ich, wie meine spirituellen und politischen Auffassungen miteinander verschmolzen; wir hatten Zugang zur spirituellen Macht gefunden, die eine Quelle der Bestätigung und Kraft für Frauen darstellt. Im Verlauf der letzten zehn Jahre hat Frauenspiritualität mir zur Aufdeckung ungeahnter Kräfte in meinem Inneren verholfen, ich habe gelernt, diese Kräfte zu kanalisieren, um damit zum Frieden in der Welt beizutragen. Ich hoffe, daß euch Frauenspiritualität ebenso hilft wie mir.

Die Phantasie ist bei den Meditationen das wichtigste Mittel. Sie unterstützt dich darin, neue Freiheit und Kreativität freizusetzen und langverschlossene Türen zu öffnen. Die Fähigkeit zu entwikkeln, sich eine andere Lebensweise vorzustellen, ist der erste Schritt zur Veränderung. Die Imagination, das Entstehenlassen eines Bildes in der Vorstellung, ist eine gebräuchliche Phantasieübung. Du kannst dir in einer Meditation auch etwas zum Hören, Riechen, Fühlen oder Schmecken vorstellen. Oder aber du »weißt« einfach intuitiv, welche Botschaften du von deinem inneren Selbst erhältst. Das alles sind gute Möglichkeiten, um Zugang zur inneren Weisheit zu finden.

Stelle dir bei folgender Meditation vor, wie anders die Welt ist, wenn Frauen in allen Lebensbereichen als schöpferisch anerkannt sind. Ich empfinde dabei jedesmal Stolz, eine Frau zu sein.

▶ Nimm dir ein paar Minuten Ruhe, in denen du ungestört sein kannst. Setze oder lege dich hin und sorge für eine bequeme Haltung, achte darauf, daß deine Kleidung dich nicht beengt und deine Atmung nicht behindert ist. Wenn du es dir bequem gemacht hast, dann entspanne dich ein paar Atemzüge lang, immer mehr. Laß in Gedanken noch einmal die Tagesereignisse an dir vorüberziehen. Dann stellst du dir vor, wie dein Alltag aussehen würde, von dem Moment, wenn du aufstehst, während deiner täglichen Arbeit bis zum Schlafengehen, wenn du in einer Welt lebtest, in der

● dein Familienname von der Mutter an die Tochter weitergegeben würde

● Frauen in deiner Gemeinde Entscheidungen treffen und organisatorisch tätig wären

● die Geistlichen in deiner Gemeinde Frauen wären

● die Frauen in deiner Gemeinde und deiner Familie als weise gelten würden, als Trägerinnen wichtigen Wissens und Wahrerinnen der Lebensgeheimnisse

● du dich bei Krankheiten an eine Heilerin wenden würdest

• sich anläßlich besonderer Ereignisse die Frauen deiner Gemeinde versammeln würden, um Entscheidungen zu treffen.

Notiere dir danach, welche Gefühle, Phantasien und andere Reaktionen in dir entstanden sind. Vielleicht möchtest du deine Reaktionen durch Schreiben, Malen oder Tanzen ausdrücken. Es ist ein bekannter psychologischer Grundsatz, daß etwas wahrscheinlicher wird, wenn man so tut, als ob es wahr wäre. Gibt es Möglichkeiten, die Kräfte, die du während der Meditation spürtest, auch in deinem Alltagsleben umzusetzen?

Frauenkunst der Vergangenheit[8]

Wichtige Entdeckungen über die Vergangenheit der Frauen und die Wirkung der Kunst als Meditationsanregung verdanke ich einem Seminar, das von Sandra Roos gehalten wurde, einer Expertin für Kunstgeschichte. Sie hat über tausend Dias aus 32 000 Jahren Kunstgeschichte zusammengetragen, dazu gehören anonyme Kunstwerke, die Frauen zugeschrieben werden. Es läßt sich nicht sicher bestimmen, wer in der Vergangenheit welche Kunstwerke geschaffen hat, ein großer Teil stammt jedoch wahrscheinlich von Frauen. Die besondere Bedeutung der Kunst einer bestimmten Epoche liegt darin, daß Frauen einen wichtigen Beitrag zu den kulturellen Werten wie auch zur Kunst geleistet haben. Das Hauptgewicht des Seminars lag auf der Kunst des prähistorischen Europas und Nordafrikas seit dem Paläolithikum etwa 30 000 v. Chr., doch es wurden in vielen Teilen der Welt Frauenkunstwerke der Vergangenheit gefunden, so auch im Mittleren Osten, im Orient und in Nord- und Südamerika.

Diese Kunst entspricht nicht unserer Kunstvorstellung, denn sie war Bestandteil des Alltags. Zu den großartigen Werken gehören Behausungen, Schreine, Werkzeuge, rituelle Gegenstände, Textilien, Keramik und Kalender ebenso wie Malereien und Skulpturen. Viele Personen scheinen bei dem Kunstwerk beteiligt gewesen zu sein, und die kunstfertigen Schöpferinnen verbanden

30

Schönheit mit Nützlichkeit, wie man es in der heutigen Kunst selten antrifft.

Ein großer Teil der frühesten prähistorischen Kunst ist in Höhlen gefunden worden. Höhlen ermöglichen auf natürliche Weise den Aufenthalt im Inneren oder im »Schoß« der Erde, und einige der Höhlen weisen an den Wänden eine natürliche Vulva- oder Brustform auf, oft rot oder schwarz bemalt. Viele der in den Höhlen gefundenen Zeichen scheinen sich auf den Menstruationszyklus der Frau und andere Jahreszyklen zu beziehen.[9] Vielleicht dienten diese Höhlen Ritualen der psychischen Wiedergeburt und des physischen Geburtsvorgangs.

Sandra Roos zeigt uns ein Dia der paläolithischen »Venus von Lausel«, ein großes Relief einer nackten Frau, die mit einer Hand auf ihren Bauch zeigt und in der anderen eine Mondsichel hält. Sie befindet sich über dem Eingang zu einem Höhlenschrein. Wie wäre es, fragte ich mich, wenn eine solche Skulptur die Tür einer Stadthalle oder einer Kirche schmückte? Ich versuchte, mir eine Gesellschaft vorzustellen, in der die Frau und die Natur so im Vordergrund stehen wie in prähistorischen Gesellschaften.

Beim Anblick dieser Kunstwerke wurde mein Bewußtsein für meine eigenen Fähigkeiten und die anderer Frauen wie auch für die Möglichkeiten der ganzen menschlichen Gesellschaft völlig wiederhergestellt. Ich ließ die auf die Leinwand geworfenen Bilder auf mich wirken. Mit geschlossenen Augen konnte ich sie immer noch vor mir sehen, ihre Wirkung spüren – den intensiven Blick der minoischen Schlangenpriesterin, die schwarzen Brüste und roten Vulven an den Höhlenwänden, die vogelköpfigen Frauen, deren erhobene Arme zugleich einen Gehorsam gebietenden und segnenden Ausdruck hatten.

Unbekannte Emotionen stiegen in mir auf – Ehrfurcht, Kraft, Friede, Anmut und ein unbeschreibliches Gefühl der Stärke. Ich versuchte, den Ausdruck oder die Posen der Abbildungen zu imitieren, um von innen her zu ergründen, wie diese Frauen waren; ich stellte mir vor, wie ich mich vor Tausenden von Jahren mit einem Meißel oder mit Farbe niedersetzte, um das Kunstwerk zu schaffen, das ich gerade sah. Solche Zeitreisen flößten mir gleichzeitig Furcht ein und waren aufregend. Es war fast nicht zu glauben, daß Menschen vor so langer Zeit Kunstwerke schufen, die so sehr meinen ureigenen Vorstellungen nahekamen. Wer waren diese Frauen? Was empfanden, dachten sie? Inwiefern unterschied sich ihr Leben von unserem, wo waren Ähnlichkeiten? Während wir in dem Seminar ein Dia nach dem anderen mit Abbildungen von Frauen, Tieren und Pflanzen, Aufzeichnungen von Mond- und Jahreszyklen und geometrischen Figuren betrachteten, wurde mir klar, daß darin die Religion, Wirtschaft, Politik und Psychologie von vor Tausenden von Jahren zum Ausdruck kam. Und es gab Hinweise darauf, daß diese Kunst von Frauen geschaffen worden war, die in Gesellschaften lebten, in denen Frauen sehr viel Macht hatten. Die frühen paläolithischen Kulturen lebten vom Sammeln und Jagen. Deshalb waren die Frauen als Sammlerinnen wichtige Ernährerinnen, vor allem in solchen Gebieten, in denen das Sammeln die zuverlässigste Nahrungsquelle war. Zweifellos trug das auch zur gesellschaftlichen Bedeutung von Frauen bei, und sehr wahrscheinlich stammt der größte Teil der Höhlenmalerei, vielleicht sogar die gesamte Höhlenkunst, von Frauen, denn sie blieben näher bei den Behausungen als die Männer, die ausgedehnte Jagdzüge unternahmen. Zudem entsprechen die Handabdrücke, die wichtiger Bestandteil einiger Malereien sind, den Händen der Frauenskelette, die in der Nähe gefunden wurden. Schließlich wird die Theorie, daß »Höhlenkunst«, in der -zigtausend Jahre menschlicher Kultur zum Ausdruck kommt, durchaus von Frauen geschaffen worden sein kann, die in Kulturen lebten, in denen Frauen eine zentrale, einflußreiche Position hatten, dadurch bestätigt, daß Abbildungen von Frauen, Pflanzen, Tieren und Aufzeichnungen über Mond- und Jahreszeitenzyklen überwiegen.

Sandra Roos wies darauf hin, daß in prähistorischen Gesellschaften ein anderes Verhältnis zur Göttlichkeit bestanden zu haben scheint – die älteren weiblichen Figuren sind möglicherweise einfach symbolische Darstellungen und keine Göttinnen; Gottesverehrung und Abspaltung der Göttlichkeit traten in Erscheinung, als Gesellschaftsschichten entstanden. Mir gefiel die Vor-

Kretische Schlangengöttin; Florenz, Museo Archeologico. Diese Statue ist eine von vielen antiken Darstellungen von Frauen und Göttinnen. Ihre weit geöffneten Augen und die sich um sie windenden Schlangen weisen auf die Macht spiritueller Trance hin, wogegen ihre aufrechte Haltung und ihre nackten Brüste Ausdruck der Freiheit der Frauen sind.

stellung, daß eine Frau so wunderschöne Frauendarstellungen schafft, daß sie heute allgemein als Göttinnen oder Gegenstände der Verehrung angesehen werden.

Zum großen Teil läßt diese Kunst auf eine Art von Beziehung mit der übrigen Kultur und dem Kosmos schließen, wie sie in der heutigen westlichen Kultur selten ist. Die Häufigkeit von Pflanzen- und Tierdarstellungen weist auf eine Ehrfurcht vor der Natur und ein Bemühen hin, die anderen Lebenskräfte zu verstehen und im Einklang mit ihnen zu sein, anstatt sie zu beherrschen. In diesen Kulturen scheint Macht nichts mit »Macht über etwas« oder Hierarchie zu tun gehabt zu haben, sondern Macht äußerte sich von innen heraus in schöpferischer Kraft und Weisheit und betraf das Leben in seiner Gesamtheit.

Sandra Roos beschreibt dieses Phänomen anhand von eher symbolischen Darstellungen weiblicher Abbildungen:

Mögliche Beispiele einer ganzheitlichen Kunst des Paläolithikums sind die große Zahl von Abbildungen, die häufig als »Vulva-Darstellungen« identifiziert wurden – Kreise, die oft durch eine Linie getrennt sind. Sie waren als Reliefs in Felsen gehauen oder kamen in stilisierten Frauenabbildungen vor.

Diese Darstellungen lassen gleichzeitig auf mehreren Ebenen Interpretationsmöglichkeiten zu. Der Kreis steht offensichtlich in einem ganzheitlichen Zusammenhang und ist deshalb zu einem Symbol der Göttlichkeit geworden. Wenn wir den durchteilten Kreis als weibliches anatomisches Merkmal ansehen, eröffnet sich damit ein ganz anderer Assoziationsbereich, wie er mit einem abstrakten Kreis nicht in Verbindung gebracht würde. Es handelt sich nicht nur um ein durchgehendes Kreismotiv, das Unendlichkeit beinhaltet und allumfassend ist, es bezieht sich auch auf eine Frau, ihre Vulva und ihre Gebärmutter. Die Ebene des inneren Gehalts betrifft den Ursprung des Lebens. Der Kreis selbst hat immer diesen Bedeutungsinhalt gehabt.

Hier haben wir es also mit dieser sehr vielschichtigen Darstellung zu tun, die viele Denk- und Assoziationsebenen umfaßt und deshalb ein perfektes Beispiel für eine ganzheitliche Darstellung zu sein scheint. Kein Erfahrungsbereich wird abgespalten, sondern die Darstellung bezieht eine Vielzahl von Erfahrungen ein, von der endlichsten der Sexualität bis zur grenzenlosen Unendlichkeit. Ich glaube, daß die weibliche Biologie als Ausdruck von Ganzheitlichkeit verwendet wurde, weil Frauen nicht nur die Fähigkeit haben zu gebären, sondern die Fähigkeit, ihr Entgegengesetztes, ein männliches Kind zu gebären. Das Weibliche selbst verband von seiner Natur her auf physischer Ebene mehrere Daseinsebenen miteinander – männliche und weibliche. Das Weibliche war gleichzeitig das Symbol aktiver Macht und das Symbol für Empfänglichkeit – Eigenschaften, die wir als »männlich« oder »weiblich« einander gegenüberstellen.[10]

Nach dem Seminar nahm ich manchmal Frauen, Begebenheiten oder Bilder wahr, die darauf hindeuteten, daß die Energie, die diese Art von Kunst hervorgebracht hatte, zum Teil noch bestand. Wenn ich sah, wie starke Frauen Freude an Tieren oder Ehrfurcht vor der Natur zeigten, erinnerte mich das an die Werte unserer Vormütter.

Mit der Zeit erkannte ich immer deutlicher das Potential der Kunst, uns etwas über die Vergangenheit zu lehren. Anders als in der niedergeschriebenen Geschichte, die aus zweiter Hand stammt oder eine Interpretation durch die kulturellen Filter erfahren hat, die die Hälfte der Menschheit aus der Geschichtsschreibung getilgt hat, erreichen uns die Abbildungen direkt. Wir können unmittelbar auf diese Bilder reagieren – intellektuell, emotional und körperlich. Die Schönheit und Kraft frauenorientierter Kunst der Vergangenheit – wobei weitere Forschungen noch mehr an den Tag bringen werden – hat für mich, was die Veränderung des gegenwärtigen Zustands und das Entstehen von Zukunftsvisionen anbelangt, eine wichtige Bedeutung. Ich erkenne und spüre, wie das Leben für die Menschheit aussehen kann, wenn Frauen frei und stark sind, was wir gewesen sind und was wir sein können. Diese Einsichten sind so tiefgreifend und bewegend, daß ich manchmal körperlich in meinem Kopf oder meinem Brustkorb eine Verschiebung spüre – die Auflösung jahrhundertealter Selbstzweifel und Prägungen. Das ist ein fortlaufender Prozeß.

Oft enthalten Kunstwerke Botschaften, die nur dann verstanden werden, wenn jemand das Kunstwerk *wird*. Diese Übung vermittelt dir einen Zusammenhang, in dem du die Abbildungen weiblicher Kunst der Vergangenheit sehen kannst, und sie aktiviert dein intuitives Wissen über dich selbst und über Frauen anderer Zeiten und Orte. Außerdem hilft sie bei der Umformung von Selbstbildern der Schwäche in Selbstbilder der Stärke.

▶ Sorge dafür, daß du eine halbe bis eine Stunde lang Ruhe finden und ungestört sein kannst. Versenke dich in den Anblick von Darstellungen freier Frauen – dabei kannst du dir ein Buch, ein Kunstwerk, eine Museumsausstellung oder Dias anschauen. Laß dir die Anweisungen langsam von jemandem vorlesen oder lies sie selbst mehrmals durch, um mit der Übung vertraut zu werden. Ändere sie für dich ab, wenn du möchtest.

● Nimm dir zunächst etwa fünf bis zehn Minuten Zeit, um dich bei einer ruhigen, tiefen Atmung zu entspannen. Laß die Luft tief in den Bauchraum strömen. Dein Körper entspannt sich, deine Gedanken werden klar. Richte dann deinen Blick auf die Kunstgegenstände, laß ihn daran entlanggleiten. Nimm die Körperhaltung und den Gesichtsausdruck und alle anderen Einzelheiten wahr, die dir bedeutsam erscheinen. Spüre, wie du selbst – dein Körper, deine Gedanken, deine Gefühle – aufnahmefähig für diese Eindrücke werden. Laß zu, daß sie dich über die Jahrhunderte hinweg erreichen. Spüre deine Verbindung mit den Frauen, die diese Kunstwerke geschaffen haben. Was haben sie bei der Erschaffung gedacht und gefühlt?

● Entscheide dich für eine Darstellung, die dich besonders anspricht. Laß sie auf dich wirken. Setze oder stelle dich entweder mit geschlossenen oder offenen Augen so hin wie die Frau/Göttin der Abbildung. In welcher Haltung befinden sich deine Beine, deine Brust, deine Arme, dein Hals? Wie ist dein Gesichtsausdruck? Welche Kleidung trägst du? Wie fühlst du dich als diese Frau/Göttin? Welche Gefühle, Gedanken steigen in dir auf?

● Stell dir vor, daß du die Dargestellte bist und redest. Sprich im Präsens, der Form der Gegenwart, laut aus, was du erlebst. Wer bist du? Woher kommst du? Wie fühlst und bewegst du dich, was denkst du? Möchtest du deinem Alltagsselbst etwas mitteilen?

● Welche dieser Erfahrungen haben mit deinem sonstigen Leben zu tun? Nimm wahr, daß dieses Abbild Teil deiner selbst ist und daß du zurückkehren und Kontakt damit aufnehmen kannst, wann du willst.

● Wenn du die Meditation beenden möchtest, dann danke der Frauendarstellung und der Frau, die sie geschaffen hat, für den Kontakt mit dir. Nimm, um wieder zurückzufinden, deine Atmung wahr – wo spürst du sie, wie bewegt sie dich? Spüre deine Füße, die Unter- und Oberschenkel, das Becken, den Bauch, den Rücken, den Brustkorb, die Arme, die Hände, den Hals und den Kopf. Berühre die verschiedenen Körperteile. Massiere sie, wenn du magst. Falls deine Augen noch geschlossen sind, öffne sie jetzt langsam und sieh die Welt mit neuen Augen. Wie geht es dir? Nimmst du dich und die Welt anders als vor der Meditation wahr?

Wenn du deine Reaktionen oder das, was dadurch ausgelöst wurde, aufschreiben, zeichnen oder auf andere Weise künstlerisch ausdrücken möchtest, dann tu das. Vielleicht möchtest du, daß sich diese Erfahrungen dein ganzes Leben lang in deinen Einstellungen und Handlungen von nun an niederschlägt. Denk bei allem daran, daß die Energie, die du gespürt hast, von dir kommt und durch dich hindurchgegangen ist, und daß du Quelle und Durchgang dieser Stärke bist.

Ich wählte für meine Meditation die Statue der römischen Göttin Luna. Hier meine Erfahrung:

Mit geschlossenen Augen stehe ich auf Zehenspitzen, meine Arme sind geöffnet und leicht erhoben, mein Kopf ist etwas nach vorn geneigt. Mein Kleid weht im Wind, mein Umhang bläht sich hinter mir wie Flügel. Wenn ich den Umhang spüre, entspannen sich meine Schulterblätter links und rechts an meiner Wirbelsäule. Auf dem

Kopf trage ich eine Mondsichel, dadurch stehe ich aufrechter, mein Hals und meine Wirbelsäule sind locker. Ich fühle mich leicht, jedoch sehr stark. Ich stelle mir vor, daß ich durch die Luft fliege und auf die Erde hinabschaue. Ich spreche mit der Erde. »Erde, hier bin ich wieder mit meiner Mondsichel. Ständig nehme ich an deinem Himmel zu und wieder ab. Der Lauf deiner Jahreszeiten ist langsamer als meine Phasen. Manchmal bist du schwer. Ich bringe dir Helligkeit und Veränderung.«

Ich öffne meine Augen und beginne, mich mit leichten Schritten im Raum zu bewegen, meine Arme sind ausgestreckt. Ich spüre, daß mir eine Menge Kraft zur Verfügung steht, um der Stadt da draußen vor meinem Fenster gewachsen zu sein. »Erde«, sage ich und schaue auf die Bäume, »ich bringe dir Feuchtigkeit und Licht für dein Wachstum. Ich bringe dir die Verheißung ständiger Erneuerung. Jeden Monat komme ich zu dir und werde geboren, wachse, nehme ab und sterbe. Und dann werde ich aufs neue geboren. Du und ich tanzen diesen Tanz seit Millionen von Jahren und werden ihn noch Jahrmillionen tanzen.«

Diese großzügige Zeitauffassung wirkt auf mich beruhigend. Während ich mich weiterbewege, sehe ich im angrenzenden Zimmer meinen Schreibtisch mit den ganzen Rechnungen und Papieren. Angst durchzuckt mich, wie mir das häufig passiert, wenn ich in Meditation versunken bin und schwierige geschäftliche Angelegenheiten zu regeln habe. Ich bewege mich weiter im Raum und versuche, das Gefühl abzuschütteln. Es läßt mich nicht los, deshalb bitte ich Luna-Hallie um Hilfe. Sie sagt: »Hallie, du brauchst keine Angst zu haben, daß du mit deinen geschäftlichen Dingen nicht klarkommst. Du brauchst keine Angst zu haben, daß du in der Stimmung versinkst, in der du gerade bist. Du gehst der Welt nicht verloren. Ebenso wie ich veränderst du dich ständig. Und so wie ich immer wieder neu geboren werde und zurückkehre, geht es auch dir. Manchmal bin ich eine Sichel, manchmal bin ich voll da. Du meditierst manchmal, zu anderen Zeiten kümmerst du dich um die materiellen Notwendigkeiten in deinem Leben. Diese ständigen Veränderungen erhalten dich lebendig. Jede Sekunde sterben in dir Zellen ab, es bilden sich neue. Wenn du diese Meditation beendest, dann läßt du diese Erfahrung zu Ende gehen, läßt sie ›sterben‹. Und du öffnest dich der nächsten – regelst Geldangelegenheiten. Dein Körper und dein Geist erinnern sich an die Stärke und Weisheit, die du gerade erlebst, und erhalten hieraus Nahrung. Im Absterben einer jeden Erfahrung ist das Samenkorn für die nächste. Deine anderen Anteile und dein Papierkram warten ständig auf dich! Hab keine Angst, Hallie. Du stirbst nicht.«

Luna, Rom, 1. Jahrhundert n. Chr.

Jetzt fühle ich mich meinem Leben besser gewachsen. Ich kann leichter hindurchgehen als vorher. Ich weiß, daß ich mir zutrauen kann, mich unbeschwerter zu bewegen und dennoch Kontakt zur Erde zu behalten. Ich danke Luna dafür, daß sie mich an meine eigenen Zyklen und meine eigene fortwährende Stärke erinnert hat. Mir selbst danke ich dafür, daß ich mich mit meiner Angst konfrontiert habe, mich in meinen inneren Vorgängen zu verlieren.

Ich mache einige tiefe Atemzüge und spüre, wie sich mein Brustkorb bewegt. Meine Kiefergelenke werden locker. Ich sehe die Vögel, die draußen vorbeifliegen. Ich wende mich meinem Körper zu – zunächst im Geist, indem ich meine verschiedenen Körperteile wahrnehme, und dann körperlich, indem ich mich überall massiere. Besonders heftig spüre ich meine Fußknöchel beim Drehen der Füße. Ich nehme sehr viel mehr um mich herum wahr. Alles ist näher und lebendiger als vorher. Ich nehme meinen Bauch und meinen Brustkorb wahr und bewege mich sicher auf der Erde. Ich bin ruhig. Ich mache mich wieder an meine Arbeit.

Wiedergeburtsritual

Gruppenmeditationen sind außerordentlich wirksam, um Zugang zum persönlichen und kollektiven Bewußtsein zu erlangen. Du kannst die folgende allein oder in einer Gruppe machen. Teilt euch anschließend eure Erfahrungen mit.

▶ Entspanne dich ein paar Minuten. Laß dir diese Anweisungen von jemandem vorlesen oder lies sie selbst, wobei immer wieder Pausen gemacht werden sollten, in denen du deine Augen schließt und fühlst, siehst, hörst oder auf andere Weise spürst und dir vorstellst, wie du dich als Frau fühlen würdest, die an einem Ritual wie diesem teilnimmt, das in einer prähistorischen Höhle durchgeführt worden sein könnte.

● Stelle dir vor, daß für dich die Zeit für dein erstes Wiedergeburtsritual gekommen ist. Vielleicht hast du gerade deine erste Menstruation gehabt, oder du hattest eine wichtige Vision oder einen Traum oder es hat für dich irgendeinen Einschnitt gegeben. Durch das Ritual wirst du die Veränderungen in deinem Leben erkennen. Stelle dir vor, du hättest vor dem Ritual einige Tage gefastet, du wirst von deiner Familie und deinen Freunden versorgt, und die weisen Frauen deines Stammes beraten dich bei den Vorbereitungen. Endlich ist der Tag gekommen.

● Stelle dir vor, daß jede die besonderen Gegenstände ihrer Macht bei sich hat. Du triffst deine Wahl besonders sorgfältig. Du möchtest nur einen einzigen Gegenstand in die Höhle mitnehmen, den du dann als gegenständliche Erinnerung an deine Wiedergeburt behältst. Ihr bemalt euch alle mit rotem Lehm und weißem Puder. Deine Mutter malt dir das Zeichen auf den Rücken, das sie bei deiner ersten Geburt für dich ausgewählt hat.

● Stell dir vor, daß du dich auf dem Weg in die Höhle befindest, alle singen mit gedämpfter Stimme und wedeln mit Zweigen, um unerwünschte Energie abzuwehren und die geistigen Kräfte deiner neuen Geburt anzuziehen. Am Höhleneingang mußt du dich sehr tief hinunterbeugen und dich vielleicht in der Dunkelheit eine längere Strecke auf Knien fortbewegen. Die Erde und der Kies am Boden erinnern dich an deine ursprüngliche Mutter – die Erde. Schließlich erreichst du die Höhle. Sie ist groß, doch überall von Fackeln ausgeleuchtet. Der Boden ist hart, bei anderen Wiedergeburtsritualen ist er durch viele Füße festgetreten worden. Das flackernde Fackellicht wird von den rotgefärbten Brüsten widergespiegelt, die durch Glätten aus den Wänden hervorgehoben worden sind. Du bist bei den Wiedergeburten anderer schon häufig hiergewesen. Jetzt wirkt alles größer und beeindruckender. Durch das Fasten und das tagelange Meditieren über die Veränderungen in deinem Leben sind deine Sinne geschärft. Mit Hilfe deiner Freundinnen begibst du dich in die Gebärmutter – eine längliche Spalte in der Wand, die geglättet und rot gestrichen worden ist.

● Deine Familie und deine Freundinnen umstehen dich in einem Halbkreis, sie summen einen tiefen Ton und schwingen ganz langsam vor und zurück. Du rollst dich wie ein Fötus zusammen und spürst die dunkle Wärme der Erde um dich herum. Du erinnerst dich allmählich daran, wie es war, bevor sich dein Leben veränderte. Du magst dieses Selbst, doch jetzt, da das

Summen anschwillt, spürst du, wie sehr du dein neues Selbst begrüßt, wie sehr du dir wünschst, wiedergeboren zu werden. Allmählich löst du dich aus deiner zusammengerollten Haltung und spürst ganz langsam jeden Muskel, als wäre es das erste Mal. Mit drehenden Bewegungen windest du dich langsam aus der Gebärmutter heraus. Der Gesang wird jetzt lauter. Du fühlst jede Bewegung und gleitest sanft den Felsspalt hinunter. Kurz bevor dein Kopf den Rand erreicht, zögerst du – dann wirfst du dich der neuen Welt entgegen, und wirst von den offenen Händen der Deinen in Empfang genommen. Sie singen jetzt mit hohen klaren Stimmen, streicheln dich, schauen zu dir herunter und tragen dich hin zu den gerundeten Brüsten der Höhle. Viele Hände heben dich zu den Brüsten hinauf und du spürst, wie sich dir der ganze Reichtum der Erde erschließt. Wenn du der Liebe und Freude um dich herum gewahr wirst, weißt du, daß dein neues Leben willkommen ist und ebenso reich und erfüllt sein wird wie dein altes.

● Wenn du bereit bist, aus der Meditation zurückzukommen, dann strecke dich und berühre dich am ganzen Körper. Öffne ganz langsam die Augen und schau dich im Raum um. Schreibe deine Meditationserfahrung auf, zeichne, tanze oder erzähle sie. Denk daran, daß du die Einsichten und die Stärke, die du in der Meditation gewonnen hast, in dein Alltagsleben mitnehmen kannst.

2 Durch Meditation zu innerem Wissen gelangen

Ich fand die Göttin in mir und liebte sie inbrünstig.
Ntozake Shange

Wenn wir erst einmal unsere negativen Selbstbilder durch positive ersetzt haben, können wir beginnen, in noch größere Tiefen unserer inneren Weisheit vorzudringen. Meditation ist ein Prozeß, bei dem wir in die Leere zurückkehren, in den Schoß unseres Bewußtseins, um uns auszuruhen, zu erholen und zu erneuern. Wir begeben uns tief in unser Innerstes, bekommen neue Ideen, Informationen und Eindrücke und wenden sie im alltäglichen Leben an. So erlangen wir mehr Selbstbestimmung, denn wenn wir entdecken, wie zutreffend und wirksam unser eigenes weibliches Wissen ist, lernen wir immer mehr, uns auf unsere Spontaneität und unser Urteilsvermögen zu verlassen. Regelmäßige Meditation gehörte zu den Hauptkräften im Prozeß meiner Veränderung von einem entschlossenen, mutigen Mädchen, das nichts mit sich anzufangen wußte, zu einer Frau, die jetzt ihrem eigenen Leben Richtung und Gestalt geben kann und weiß, wie unerschöpflich ihre inneren Reserven sind, und, was das Wichtigste ist, wie sie sie einsetzt.

Die Meditationen in diesem Buch sind besonders darauf ausgerichtet, Zugang zum inneren Wissen der Frauen zu verschaffen und es in praktisches und kreatives Handeln umzusetzen. Ein großer Teil unseres intuitiven und verstandesmäßigen Wissens ist davon überlagert, daß wir jahrzehntelang gelernt haben, an uns selbst zu zweifeln und die Macht, Entscheidungen zu treffen und schöpferisch zu sein, anderen überlassen haben. In der Meditation können wir dies überwinden und zu unserer eigenen Weisheit finden. Diese Weisheit kann ihren Ursprung in dem körperlichen Wissen vom Wesen der Geburt und der Zyklen haben, oder es rührt von bisher unterdrückten intellektuellen oder künstlerischen Fähigkeiten her.

Ich beschreibe Meditation als einen Zustand der Sammlung, bei dem alle Aspekte des Bewußtseins integriert sind. Wenn zum Beispiel eine Person mit einem mathematischen Problem beschäftigt ist und ihre ganze Aufmerksamkeit sich darauf richtet, wenn durch ihre Begeisterung und ihr Interesse ihre Emotionen hier konzentriert sind, ihr Intellekt sich damit befaßt, ihr Körper entspannt ist und sie frei atmet, dann meditiert sie über das mathematische Problem. Je nach dem Grad der Aufmerksamkeit kann man sich auch in einem meditativen Zustand befinden, wenn man Sport treibt, arbeitet, sich Tagträumen überläßt oder mit etwas anderem beschäftigt ist. Meditation ist alltäglicher und zugänglicher, als die meisten meinen. Sie erscheint geheimnisvoll und unerreichbar, weil sie im Westen keine Tradition hat, doch wir alle gelangen in meditative Zustände, ob wir es merken oder nicht.

Frauen und Meditation

Weil Frauen in ihrer Erziehung darin bestärkt werden, verinnerlicht, intuitiv, still und aufnahmebereit zu sein, fällt uns die traditionelle Meditation gewöhnlich leichter als Männern. Die meisten Meditationspraktiken sind von Männern für Männer entwickelt worden, und die meisten Frauen und manche Männer haben zum gegenwärtigen Zeitpunkt andere Bedürfnisse. Tatsache ist, daß die meisten Meditationen, die in einem patriarchalischen Zusammenhang entstanden sind, für Frauen nicht geeignet und oft schädlich sind.

In unserer Kultur wachsen Männer im allgemeinen so auf, daß Rationalität und Aggressivität gefördert, Einfühlsamkeit aber vernachlässigt wird, und die für sie entwickelten Meditationen sollen ihnen helfen, empfänglicher und sensibler zu werden.

Historisch sind diese Meditationen aus hierarchischen Religionen und Kulturen hervorgegangen. Sie waren streng vorgeschrieben, wurden hierarchisch weitervermittelt, waren jenseits und asketisch orientiert. Häufig liegt der Schwerpunkt auf einem Rückzug von der Welt, wichtig ist, daß man zur Ruhe kommt und Geist und Körper kontrolliert. Manchmal bedeutet das, Teile von uns selbst zugunsten eines »höheren« Ideals zu unterdrücken.

Frauen sind nur allzu sehr daran gewöhnt, ruhig und kontrolliert zu sein, und für uns ist die Grenze zwischen Selbstberuhigung und Selbstunterdrückung fließend. Allzu lange wurden wir von der Welt außerhalb unseres Heims ferngehalten. In den letzten hundert Jahren haben wir politisch einige Fortschritte gemacht, doch jede von uns wird noch durch eine innere Haltung bestimmt, die die Folge des Lebens in einer benachteiligenden Gesellschaft ist. Unsere gesunden Körperzyklen wurden als etwas Unsauberes, Abweichendes betrachtet.

Wir möchten unseren Körper, unseren rationalen und unseren intuitiven Verstand und unsere Emotionen neu beleben und uns daran freuen. Wir möchten unsere Energie nicht unterdrücken, sondern freisetzen, um in der Welt zu wirken. Folglich brauchen wir Meditationen, die für Frauen entwickelt wurden. Wir brauchen Meditationen, die uns helfen, aktiv zu sein, uns selbst zu lieben, unsere ganze innere Stärke zu entwickeln und in unserem persönlichen und im öffentlichen Leben einzusetzen.

In der Entwicklung, die ich in den zehn Jahren durchlaufen habe, in denen die Meditationstechniken weiblicher Spiritualität entstanden sind, kommt ein Prozeß der Entdeckung ureigener weiblicher Bedürfnisse, Stärken und einer kollektiven psychischen Kraft zum Ausdruck. Meinem eigenen Urteilsvermögen und meiner Intuition bei der Entscheidung zu vertrauen, welche Meditationsformen, wenn ich überhaupt welche benutzen wollte, in Frage kämen, ist für mich ebenso wichtig gewesen wie die Meditation selbst.

Ich habe mich nacheinander mit verschiedenen Meditationstechniken beschäftigt und wende jetzt verschiedene Formen an, wo sie mir jeweils angebracht erscheinen. Zu unterschiedlichen

Zeiten war jede aus verschiedenen Gründen passend, und ich habe sie alle miteinander verwoben. Einige Meditationsformen waren für mich wichtig, weil ich eine äußere Form brauchte, andere, weil ich mein inneres Selbst entwickeln mußte, wieder andere, weil ich mein inneres Sein mehr mit meinem äußeren Selbst in Einklang bringen wollte.

Mein Meditationstagebuch

Dieses Tagebuch über die Jahre meiner Meditation, das ich 1969 anfing, beschreibt eine ähnliche Entwicklung wie bei vielen Frauen, die ich kenne, und weist auf das Bedürfnis nach Flexibilität und Vielseitigkeit wie auch nach Hingebung hin. Ich habe gelernt, mich der Meditation und Spiritualität von einem Standpunkt aus anzunähern, der besonders weibliche geistige Kräfte berücksichtigt – das ist ein Ansatz, bei dem individuelle Unterschiede und Bedürfnisse berücksichtigt werden und der auf dem Vertrauen zu sich selbst als Lehrerin, Guru und Leiterin beruht.

1. Jahr: Traditionelle Hindu-Meditation mit Imaginationen, Gesängen und Atemübungen. Gut für Strukturierung und Disziplin. Intellektuell verstand ich die Gründe dieser Vorgehensweise, vermißte jedoch etwas.
2. Jahr: Zen-Buddhismus erscheint als die tiefste Weisheit. Ich bemühe mich um Zazen – sitzen und die Atemzüge zählen. Meistens ist es mir zuwider, komme mir wie eine Versagerin vor, mache weiter, weil ich keine Alternative sehe und weil die Vorstellung von Erleuchtung sehr geheimnisvoll und erstrebenswert erscheint. Schließlich erkenne ich, daß Zazen für mich zu sehr ausschließlich geistig orientiert ist. Ich möchte stärker meinen Körper und meine Emotionen erleben. Bei Karate mache ich eine an Erleuchtung grenzende Erfahrung.
3. bis 5. Jahr: Mache Übungen in aktiver Imagination nach Jung, um Kontakt mit einer inneren Ratgeberin aufzunehmen (siehe dieses Kapitel). Mir gefällt diese Meditation, weil sie stärker aktiv, kreativ und praktisch ausgerichtet ist. Ich lerne viel über mein eigenes Zeitmaß: regelmäßig meditieren, jedoch merken, wenn es zu lang

war, damit ich mich nicht darin verliere. Inspiriert durch eine Meditation, bei der ich mit der inneren Ratgeberin in Kontakt trat, betätige ich mich zum erstenmal nach zehn Jahren wieder künstlerisch. Ich merke, daß Körperarbeit, die ich tue oder die jemand mit mir macht, zu den intensivsten Meditationen gehört, die ich je erfahren habe.

6. Jahr: Traumarbeit, hauptsächlich die malaysische Senoimethode (siehe 3. Kapitel). Das scheint eine direktere Verbindung zwischen meinem inneren und meinem äußeren Leben zu ermöglichen, bei beiden kann ich Veränderungen feststellen. Zunächst fällt es mir schwer, mich von der geleiteten Phantasiearbeit zu lösen und die Bedeutung der Traumarbeit zu erkennen. Zudem erschließt sich mir das Gehen und Sitzen unter Bäumen als Meditation – Lösungen bieten sich an, der Geist kommt zur Ruhe. Häufige Gruppenmeditationen. Erkenne, daß Erleuchtung ein allmählicher Vorgang und nicht die plötzliche Erweckung ist, die ich mir erhofft hatte.

7. bis 10. Jahr: Beginne, aufzuwachen und sofort den Tag anzufangen, also keine Zeit mehr damit zu verbringen, Träume aufzuschreiben oder mich damit zu beschäftigen. Eine Zeitlang bin ich darüber besorgt, bis ich darin psychisch von einer Lehrerin unterstützt werde, die mir Meditationen empfiehlt, bei denen ich gelegentlich in Ruhe sitze und mich für soviel Energie öffne und mich durchfließen lasse, wie ich ihr gewachsen bin. Beschließe, stärker meiner eigenen Intuition zu trauen und nicht auf Bestätigung von außen zu warten. Kurze Sitzmeditationen am Morgen und am Abend, wobei ich ein paar Worte sage, meine Schellen ertönen lasse und mit den Geräuschen die Worte und Gefühle durch mich hindurchlasse. Vergessene Einfälle und Bilder des vergangenen Tages tauchen auf. Mache den ganzen Tag hindurch viele kurze Meditationen und fange an, das immer spontaner geschehen zu lassen, indem ich sie dann tue oder entstehen lasse, wenn ich sie brauche – oder ich mache keine. Rituale, die ich allein oder in der Gruppe mache, werden ein wichtiges Mittel der Sammlung (siehe 6. Kapitel).

Normalerweise halte ich mehrmals am Tag inne und bedecke meine Augen mit den Händen, um sie zu entspannen. Das Schreiben wird zur Meditation, denn noch einmal erlebe ich das Wissen und die Erfahrungen der vergangenen Jahre. Ich merke, daß ich sehr viel klarer und zentrierter bin, so daß ich auch im alltäglichen Ablauf meditiere. Ich entdecke die Freude und den Frieden harmonischer Körperbewegungen beim Schwimmen und beim Tanzen.

11. Jahr: Ich meditiere nicht mehr so oft, verbringe aber mehr Zeit damit, in Ruhe Musik zu hören. Mache meine »Gute-Erde-Erfahrung«: Eines Tages erlebe ich in einem ganz gewöhnlichen Restau-

rant ganz spontan eine extreme Bewußtseinsveränderung, und zwar sehr viel intensiver als je zuvor. Das dauert mehrere Stunden. Alles strahlt Licht aus, Maschinen und Beton ebenso wie Bäume und Gras. Alles erscheint mir ausgesprochen schön und mehr als dreidimensional. Wenn ich anderen in die Augen schaue, ist es, als könnte ich tief in ihre Seele blicken. Meine Gedanken ruhen fast völlig; wenn ich sie wahrnehme, ist das wie eine weit entfernte Stimme, die mich auf sich aufmerksam zu machen versucht. Ich empfinde völlige Liebe und Akzeptanz für alles, was ich sehe, kann jedoch immer noch zwischen Leiden und Nichtleiden unterscheiden. Vielmehr spüre ich, daß mir sehr viel mehr Energie als zuvor zur Verfügung steht, weil ich keinen Aspekt meiner Welt ablehne. In diesem äußerst »spirituellen« Zustand bin ich sogar noch viel stärker zu »politischen« Veränderungen fähig als vorher.

12. bis 14. Jahr: Ich lerne, wie ich durch bestimmte Musik, bestimmtes Licht und bestimmte Bedingungen Kurzversionen meiner »Gute-Erde-Erfahrung« auslösen kann. Bei Bedarf meditiere ich nach einer bestimmten Form, doch »brauche« ich das seltener als vorher. Ich richte meine Energie darauf, bewußter in meinem Körper zu sein.

Mein Innen- und mein Außenleben sind besser miteinander integriert. Anfangs waren sie völlig getrennt, durch die geleiteten Phantasien entstand mehr Verbindung, durch Körper- und Traumarbeit setzte sich die Synthese fort und jetzt endlich habe ich das Gefühl, eine ganze Person zu sein und mache die Meditationen, die mir nötig erscheinen, wenn ich das brauche. Ich fühle mich immer stärker in der Lage, von dieser zentrierten Ganzheit aus zu handeln, zu fühlen und zu denken, die ich durch die Meditation entwickelt habe, so daß ich Meditation im herkömmlichen Sinne immer seltener brauche.

Alle Meditationen, die ich machte, waren ein Weg, mich tief in mein Inneres jenseits des geschäftigen Oberflächengeplauders meines rationalen Verstandes zu versenken. Bei den mit mehr Aktivität verbundenen Meditationen konnte ich aus diesem inneren Selbst schöpfen, um mich mit Fragen, Problemen und schöpferischen Vorhaben auseinanderzusetzen. Aus meinen Meditationen erhielt ich meine besten Ideen zum Schreiben, Lehren und für Rituale. Ich war über den Reichtum meines inneren Selbst verblüfft, von dem ich durch jahrelanges ausschließlich rationales Denken abgeschnitten war.

Der Kreis hat sich geschlossen, denn das Wesentliche am Zazen, einer der ersten Meditationsformen, die ich probierte und wegen ihrer Strenge ablehnte, ist nicht das Sitzen, sondern die Entwicklung ständiger Aufmerksamkeit im alltäglichen Leben, wo alles zur Meditation wird. Damit das möglich wurde, mußte ich mir meinen eigenen Weg weiblicher Spiritualität ebnen und über traditionelle, passive, strukturierte, intellektuelle, östliche, männlich überlieferte Meditationsformen zu einer immer noch sehr strukturierten, doch stärker androgyn geprägten westlichen, aktiven, intuitiven geleiteten Phantasiearbeit übergehen. Von da aus führte mein Weg zu der traditionell eher weiblichen, erdverbundenen, »primitiven«, aktiven Traumarbeit, zu Gruppenmeditationen und Körperarbeit. Schließlich gelangte ich zu meiner eigenen Meditation – die spontane Verwendung und das Entstehenlassen der Mittel, die ich brauche. Ich empfinde »weiblich« und »männlich«, strukturiert und frei, östlich und westlich, immer weniger als getrennt, und mein Leben ist von einer Kraft erfüllt, die aus der Kenntnis meines inneren Selbst stammt.

Beschäftigst du dich vielleicht mit Dingen, die du bisher noch nie als Meditation betrachtet hast? Wenn du nach einer bestimmten Weise meditierst, achte darauf, was bei dir wirkt und was nicht. Wenn du gerade erst zu meditieren anfängst, gewinne Klarheit über die Gründe, weshalb du meditieren möchtest. Drücke das in Worten, Bildern, Klängen, Bewegungen und so weiter aus.

Hinweise für die Meditation

Achte darauf, daß du beim Meditieren weite bequeme Kleidung aus Naturfasern trägst, damit du frei atmen kannst und deine elektromagnetische Energie (wie bei der Akupunktur) frei fließt.

Die meisten Meditationsübungen beginnen damit, Aufmerksamkeit nach innen zu richten. Ich verwende in diesem Kapitel jeweils die Ausdrücke »meditieren« und »nach innen gehen«. In späteren Kapiteln gehe ich auf stärker aktive Meditationen ein. Unser inneres Selbst ist vernachlässigt, verleugnet oder mißtrauisch betrachtet worden, und Meditation ist ein wichtiges Mittel, um verloren gegangene innere Bereiche wiederzugewinnen. Das heißt jedoch nicht, daß wir uns zurückziehen und uns nur noch auf unser inneres Selbst konzentrieren sollten. Verantwortlich für unsere nach außen gerichteten Aktivitäten zu sein ist ein wichtiger Faktor bei der Wahrnehmung persönlicher Stärke, und dabei ist die innere Beschäftigung eine Hilfe. Wenn wir den stillen, ruhigen Platz entdecken, den jede von uns in sich trägt, kann das für uns die Basis sein, von der aus es uns gelingt, uns von Zweifeln, Unentschiedenheit, angegriffener Gesundheit, Schuldgefühlen und anderen alten Mustern zu lösen, die zu wirren und diffusen Handlungen führen.

Jede Form innerer Meditation kann relativ leicht oder ziemlich schwierig sein, das hängt von deiner Persönlichkeit, Stimmung, Vorbereitung und der Situation ab. Verliere nicht den Mut, wenn du anfangs Barrieren spürst. Eine häufige Klage lautet: »Immer wieder muß ich an etwas anderes denken«. Nimm einen Gedanken, der dich ablenkt, wahr, sage dir, daß du dich später mit sehr viel klarerem Verstand damit beschäftigen wirst – und laß ihn vorüberziehen.

Ein weiteres Problem kann daher rühren, daß du meinst, Meditation sei ein besonderer Zustand, und dann befürchtest, daß du gar nicht meditierst, wenn es dir vorkommt, als würdest du träumen, dösen oder voller Einfälle sein. Alle diese Zustände sind eine Art

Meditation, und wahrscheinlich erleben wir sie sehr viel häufiger, erkennen das jedoch nicht. Durch Übung fällt es leichter, die verschiedenen Meditationszustände wahrzunehmen und sich auf einen Punkt zu konzentrieren. Bei Meditationen wie der geleiteten Phantasie, die ich hier beschreibe, sagen manche: »Das kommt mir vor, als würde ich mir das alles nur ausdenken«. Natürlich denkst du dir das alles nur aus! Es kommt alles von dir, und das ist der Sinn dieser Meditationen – einen Zugang zu deinem inneren Selbst zu finden. Es ist ein Schritt zu der Erkenntnis, daß unser inneres Selbst ein Teil von uns ist und nicht etwas, das von außen kommt.

Manche sind auch besorgt, daß sie eine Meditation wie die geleitete Phantasie nicht »richtig« machen, weil sie nichts »sehen«. Viele Menschen nehmen ihre inneren Informationen nicht visuell wahr. Manche hören Worte oder Sätze, andere »wissen« die Antwort einfach. Du wirst deine eigene Art, innere Abläufe bei dir zu erfahren, entdecken. Da die meisten von uns daran gewöhnt sind, unsere Welt optisch und akustisch wahrzunehmen, wird die Meditation für uns realer, wenn wir in uns hineinsehen und hineinhorchen können. Versuche, auch andere Sinne zu entwickeln und Bilder, Geräusche, Gerüche, Strukturen, Geschmack, Ideen, Erinnerungen oder Gefühle in dir aufsteigen zu lassen.

Sinn der Meditation ist es, dir deine Kreativität und Selbstbestimmung zugänglich zu machen. Das Erlernen bestimmter Methoden ist damit vergleichbar, daß du dir eine Landkarte über ein unbekanntes Gebiet besorgst. Sobald du den Weg kennst, brauchst du die Karte nicht mehr, bis du dich wieder einem neuen Gebiet zuwendest. Versuche, die Meditationen nach den hier angegebenen Anweisungen zu machen und sei offen für Abänderungen oder Hinzufügungen, die du gerne machen möchtest. Verlaß dich auf deine Intuition, deine Weisheit und deine Spontaneität. Singen, Tanzen, das Herstellen symbolischer Gegenstände oder symbolische Bewegungen sind oft der beste Ausdruck für die Tiefe, die in der Meditation erlangt wurde. Laß eigene Versionen dieser Meditationen entstehen, die dir, der

Zeit, dem Ort und den Menschen entsprechen, mit denen du beisammen bist.

Der Ort der Meditation

Besonders am Anfang empfiehlt es sich, an einem bestimmten Ort und zu einer bestimmten Zeit zu meditieren. In Indien hat jedes Haus, egal wie beengt die Wohnverhältnisse sind, eine besondere Ecke oder einen Raum, um ungestört sitzen zu können. Du kannst dir selbst einen Ort schaffen, an dem du meditieren, Ruhe finden, in deine Mitte gelangen, Körperarbeit und andere heilende Dinge tun kannst. Wenn du diesen Platz immer häufiger aufsuchst, wird dir auffallen, daß du ruhig wirst und zu deiner Mitte findest, sobald du dort bist.

Mein erster Meditationsplatz in meinem Schlafzimmer bestand aus einem Schemel mit Blumenmustern aus den dreißiger Jahren, auf dem sich ein Usambaraveilchen und meine Schellen aus Tibet befanden. Jeden Abend vor dem Schlafengehen setzte ich mich dort kurz nieder. Inzwischen habe ich mehrere Meditationsplätze, einen an der Feuerstelle eines hochgemauerten Kamins und einen in einer niedrigen Kammer, die ich mit alten Tüllgardinen und Samt ausgeschmückt habe. Sobald ich mich an diese Orte begebe, fühle ich mich in meiner Mitte und voller Frieden und kann mich auf meine Gedanken konzentrieren.

Überlege dir, wo in deiner Wohnung oder draußen du deinen Meditationsplatz am liebsten hättest. Du kannst herumgehen und dich an verschiedenen Orten hinsetzen, um herauszufinden, welcher Platz dir am meisten zusagt. Achte auf die unterschiedlichen Richtungen, in die du schaust, auf die Lichtverhältnisse und darauf, ob du einer Wand oder einem Fenster zugewandt bist und ob es Ablenkungen gibt.

Du kannst an vielen Orten Meditationsplätze zu jeweils unterschiedlichen Zwecken einrichten: einen für Meditationen, die Küche oder das Eßzimmer zum Segnen der Nahrung, einen schöpferischen Ort mit Material für künstlerische Betätigung, einen Hausaltar in der Nähe der Eingangstür. In Bali bringen die Frauen täglich neue Gaben und verteilen Blumen, Nahrung und Räucherstäbchen und schaffen so überall in ihrer Umgebung heilige Plätze.

Als Meditationstisch kann ein schon vorhandener Lieblingstisch dienen, du kannst dir auch einen bauen. Wähle das Material nach seiner Struktur und seiner Bedeutung für dich aus. Aus Brettern und Ziegelsteinen läßt sich einfach und billig ein wunderschöner Hausaltar bauen. Du kannst aus jedem der vier Elemente etwas besorgen und deine Lieblingsgegenstände hinzufügen:

● Erde: Stelle etwas Lebendes auf deinen Tisch – eine Lieblingspflanze, Kräuter oder frische Blumen.

● Luft: Duftender Rauch kann deine Stimmung verändern und in der ganzen Wohnung eine rituelle Atmosphäre verbreiten. Es gibt die verschiedensten Räucherstäbchen. Sehr gut geeignet ist ein in Asien häufig verwendeter Räucherstäbchenhalter: Fülle in ein Schälchen Reis, Sand, Gerste oder ein anderes Naturmaterial. Steck das Räucherstäbchen da hinein, es bleibt aufrecht stehen, die Asche vermischt sich mit den Körnern. Sehr wirkungsvoll ist eine nordamerikanisch-indianische Tradition, Salbei in einer Schale zu verbrennen, ein wenig von dem Rauch einzuatmen und ihn über verschiedene Körperteile zu blasen oder zu fächern. Dies Einräuchern bewirkt eine psychische Reinigung.

● Feuer: Kerzen verbreiten Lebendigkeit und unterstützen die Konzentration. Wähle die Kerzen nach Farben und Beschaffenheit aus. Bienenwachskerzen duften wunderbar und fühlen sich gut an, sie zerfließen zu schönen Formen. Normale Wachskerzen gibt es in vielen Farben, sie tropfen weniger. Wenn du Kerzen verwendest, dann gib ihnen sicheren Halt und lösch sie aus, wenn du aus dem Zimmer gehst oder eindöst.

● Wasser: Lege auf deinen Tisch eine Muschel, einen Seestern oder eine Schale mit klarem Wasser, die ans Meer denken läßt.

● Geräusche: Verwende Glocken, tibetische Schellen, eine Flöte, japanische Holzschüsseln, eine Spieldose oder andere Musikinstrumente – du kannst auch ein ganz einfaches Musikinstrument selbst herstellen, indem du Glöckchen an einem Band oder Stoff befestigst.

● Deine eigenen rituellen Gegenstände: Suche dir ein Lieblingsbild, einen Kristall, eine Fotografie, einen Wandbehang oder einen anderen Gegenstand heraus, der für dich von besonderer Bedeutung ist. Mit der Verwendung in Ritualen nimmt seine Inspirationskraft für dich zu.

Zur Einweihung deines Meditationsplatzes setzt oder legst du dich an diesem besonderen Ort so hin, daß deine Wirbelsäule gerade ist und du es bequem hast. Nimm dazu eine Matte oder Decke, Kissen oder einen Stuhl. Atme ein paarmal ruhig und tief. Schau dir alle zusammengetragenen Gegenstände an. Zünde die Kerze und ein Räucherstäbchen an und nimm einen deiner besonderen Gegenstände in die Hand. Formuliere deine mit der Einrichtung dieses Meditationsplatzes verbundenen Absichten – deine Hoffnungen und Bedürfnisse und wie du ihn im Alltag verwenden wirst. Werde dir bewußt, daß du in deinem Lebensverlauf alles haben wirst, was du dir wünschst – und mehr. Sing, laß deine Stimme ertönen oder spiel dein Instrument. Am Ende dankst du dem Platz und den Gegenständen, löschst alles offene Feuer und bleibst einen Moment still.

Grundlegende Entspannungsübung

Das ist eine wichtige Grundübung für sich allein. Zudem sollte sie, beziehungsweise deine Version dieser Übung, als Einleitung zu allen Übungen in diesem Buch gemacht werden.

Wenn du von der Arbeit heimkommst und dich sofort zum Meditieren hinsetzt, dann bist du wahrscheinlich in Gedanken noch an dem Ort, bei den Menschen oder der Tätigkeit, wo du gerade herkommst. Einer der Gründe, warum unser modernes Leben so ermüdend ist, besteht darin, daß sich unsere Aufmerksamkeit im Verlauf des Tages gewöhnlich auf mehrere Orte – wir sind daheim, im Büro, bei Besorgungen, zu Besuch bei Freunden

– und über verschiedene Zeitabschnitte verteilt – was wir gerade gemacht haben, was wir als nächstes tun werden. Es macht aus uns einen ganz neuen Menschen, wenn wir weniger nach außen gerichtet sind und weniger Reize empfangen, damit wir unsere Aufmerksamkeit in unsere eigene Mitte richten können.

Wenn man sich fünf, zehn oder dreißig Minuten Zeit nimmt, um körperlich, emotional und geistig zur Ruhe zu kommen, kann sich das ganz erheblich auf Energie, Seelenfrieden und gedankliche Klarheit auswirken. Das Aktivieren und Sammeln von Energie ist eine Meditation für sich und eine Möglichkeit der Konzentration vor und nach anderen Meditationsarten.

Wenn wir zu schnell aus einer Meditation zurückkommen, kann das sehr störend und verwirrend sein und die Meditation negativ beeinflussen. Wenn wir am Ende einer Meditation unsere Energie sammeln, vermeiden wir dieses manchmal sehr unangenehme Gefühl, zu sehr »weggetreten« zu sein. Je häufiger wir diese Meditation machen, um so leichter fällt die Sammlung, bald dauert es nur noch wenige Minuten.

Nimm dir Zeit und suche dir einen Ort, der ruhig und ungestört ist. Leichter ist das allein an einem bequemen Platz, doch es geht überall – im Bus, im Badezimmer, am Arbeitsplatz, wenn du auf jemanden wartest oder im Bett liegst. Laß dir diese Anweisungen vorlesen oder sprich sie auf ein Tonband und spiel sie dir oder der Gruppe vor. Mach nach jedem Satz eine Pause. Wenn du eine Brille oder Kontaktlinsen trägst, dann nimm sie vorher ab.

▶ Lege oder setze dich bequem hin, verschränke weder Arme noch Beine und beenge deine Wirbelsäule nicht. Öffne hinderliche Kleidung wie zum Beispiel enge Hosen oder Schuhe. Dein Atem soll frei fließen. Spüre eine Minute lang, wie du dasitzt oder -liegst. Wo fühlst du dich weit, wo eng? Hast du das Gefühl, daß einige Körperteile nicht so dicht am Boden oder auf dem Stuhl aufliegen wie andere? Laß die Luft tief einströmen, damit du spürst, wie sich dein Bauch, dein Zwerchfell und dein Brustkorb weiten, und laß dann die Luft allmählich wieder aus deinem Mund ausströmen. Das Ausatmen durch den Mund unterstützt die Lockerung der Kiefergelenke, wo meist sehr viel Spannung sitzt. Wenn du deine Lage ändern möchtest, weil sich Teile deines Körpers entspannt haben, tu das. Sage dir, daß du alle Spannungen, Schmerzen oder Ängste für diesen Zeitraum lösen möchtest.

Atme weiterhin durch die Nase ein und durch den Mund aus, laß aber den Atem frei fließen, in seinem natürlichen Rhythmus und seiner natürlichen Tiefe. Bleibe eine oder zwei Minuten lang dabei. Als nächstes stellst du dir vor, daß du beim Einatmen deinen Atem zu einem Körperteil schickst, den du gerne mehr öffnen möchtest, zum Beispiel ins Kreuz, die Schultern, den Kopf oder einen anderen Körperteil. Fühle, wie dein Atem diesen Körperteil zärtlich umfängt. Nimm beim Ausatmen wahr, wie mit dem Atem geistige oder körperliche Anspannung, die du loswerden möchtest, von dir weicht. Mach dir bewußt, daß du sie jetzt loslassen kannst, du brauchst sie nicht. Spann beim Einatmen ganz leicht den Teil deines Körpers an, den du loslassen möchtest. Beim Ausatmen entspannst du ihn ganz allmählich. Fahre auf diese Weise etwa fünf Minuten lang fort. Nimm alle Bilder, Gefühle oder Gedanken wahr, die in dir aufsteigen, und laß sie vorbeiziehen. Wende dich einem anderen Körperteil zu, wenn du möchtest.

Wenn du zum Ende kommst, wende deine Aufmerksamkeit wieder dem ganzen Körper zu. Wie sitzt oder liegst du? Nimmst du dich anders wahr als vorher? Berühre dich am ganzen Körper. Öffne langsam die Augen. Schau mit deinen neuen Augen ein paar Minuten umher und bewege dich mit deinem neuen Körper.

Tägliches Meditieren

Begebe dich jeden Morgen und/oder jeden Abend zu deinem Meditationsplatz und mach die eben beschriebene Entspannungs-meditation. Hier sind noch weitere Anregungen:
● Male oder zeichne symbolisch oder gegenständlich deine

Einstellung zu dir selbst, deinem Leben oder einer bestimmten Problematik. Du kannst ganz spontan beginnen und das Dargestellte zu dir sprechen lassen. Achte auf die Farbdynamik. Dann zeichne ein anderes Bild, in dem du die Veränderungen darstellst, die du dir in diesem Bereich wünschst. Was zeigt dir das Bild? Wie kannst du auf diese Botschaft reagieren?

● Zünde eine Kerze und Räucherstäbchen an und wende deine Aufmerksamkeit einer bestimmten Eigenschaft oder Haltung zu, die du dir in deinem Leben wünschst, zum Beispiel inneren Frieden, Bestimmtheit oder Konzentration. Wenn deine Gedanken davonwandern, bring sie sanft wieder zurück. Meditiere über das von dir gewählte Thema, bis es dir abgeschlossen erscheint.

● Liste all die Dinge auf, die in deinem Leben gerade passieren. Beschäftige dich mit jedem Thema und gratuliere dir dazu: »Glückwunsch, daß du dich dieser schwierigen Situation gestellt hast!« – »Gratuliere, daß du es nach zwei Jahren geschafft hast, die Pflanzen umzutopfen!« – »Erfreulich, daß du dir eine Arbeit besorgt und Beziehungen geschaffen hast, die dir zur Zeit gut tun.«

● Notiere dir all die Bereiche in deinem Leben, die du verändern möchtest oder mit denen du gerade zu tun hast. Dann formuliere das, was du festgestellt hast, in einer aktiven Aussage: »Zur Zeit lerne ich immer mehr, wie ich meine Arbeit befriedigender für andere und produktiver für mich selbst gestalten kann.« Spüre, wie der wahre Kern dieser Aussage Körper, Gedanken und Emotionen stärkt.

Arbeit mit der inneren Ratgeberin

Eine innere Ratgeberin ist die »imaginierte« Personifizierung des weisesten, zentriertesten Teils unseres Selbst. Da wir gewohnt sind, uns auf die menschliche Erscheinungsform zu beziehen und größtenteils über menschliche Aktivitäten meditieren, ist die Kommunikation leichter und weniger bedrohlich, wenn wir uns eine Ratgeberin in menschlicher Gestalt vorstellen. In den Anweisungen beziehe ich mich auf eine Ratgeberin, doch sind weibliche, männliche und androgyne Ratgeber möglich. Einerseits sind Geliebte, Lehrer, Freunde, Menschen, die wir bewundern oder achten, die leben oder schon tot sind, Ratgeber für uns und wir für sie. Doch da eine innere Ratgeberin dein eigenes einzigartiges Wissen personifiziert, ist sie niemand, die du aus dem Alltagsleben kennst. Dadurch kann vermieden werden, daß du jemand anderem zuviel aufbürdest.

Du kannst zu verschiedenen Zeiten deines Lebens verschiedene Ratgeberinnen haben, doch im allgemeinen ist es ratsam, sich jeweils auf eine zu konzentrieren. Auf diese Weise kannst du diese Beziehung zu einem besonderen Teil deines Selbst mit ungeteilter Aufmerksamkeit aufnehmen. Du wirst in dir viele andere Personen finden, die im Umgang mit verschiedenen Lebensbereichen eine Hilfe sind: im Berufsleben, in Beziehungen, in der politischen Arbeit, im Straßenverkehr, bei Spielen, beim Umgang mit Haustieren und so weiter. Die Erscheinung, die dir bei alledem mit Rat zur Seite steht, ist deine innere Ratgeberin.

Die Arbeit mit der inneren Ratgeberin gehört für mich zu den eindrucksvollsten, wirksamsten und bestärkendsten Meditationen, die ich kenne. Alle Kraft und Weisheit, die ich brauche, ist in mir, doch durch mangelndes Selbstvertrauen und ausbleibende Bestätigung von außen zerstreuen sie sich und kommen nicht zum Ausdruck. Im Kontakt mit meiner inneren Ratgeberin erlebe ich unmittelbar meine innere Stärke, Fülle und Kreativität, und das ist besonders wichtig, wenn ich mein Bild von mir als Frau mit allen seinen Selbstbeschränkungen verändere. Mehr und mehr werde ich meine eigene Autorität und lerne, mich auf mich selbst und meine Intuition zu verlassen. Der Kontakt mit meiner Ratgeberin hilft mir auch, meine eigene Mitte zu finden, Probleme zu lösen, Entscheidungen zu treffen, einen Standort in meinem Leben zu finden und mich zu informieren. Die Ratgeberin stellt einen wichtigen Bezugspunkt jeder psychischen oder inneren Arbeit dar, denn sie bringt mich immer wieder ins Lot, wenn ich aus dem Gleichgewicht geraten bin.

Bei Meditationen mit meiner inneren Ratgeberin habe ich zum erstenmal meine innere Wirklichkeit erkundet: meine Symbole, Archetypen (Gestalten, die für einen Teil der eigenen Psyche stehen, der häufig universell ist – z. B. die weise alte Frau), dynamische Abläufe, Landschaften und ähnliches. Diese Technik war strukturiert genug, um ihr vertrauen zu können und ihr bis in meine Tiefen zu folgen – wo ich Bestandteile meiner selbst entdeckte, von deren Existenz ich nichts geahnt hatte. Die Veränderungen in mir machten sich durch wachsendes Selbstvertrauen, mehr Kreativität und zunehmende künstlerische Fähigkeiten bemerkbar, ich wurde praktischer und entschlossener.

Manchmal wies mir diese Arbeit den Weg zu psychischer Heilung. Bei einer Meinungsverschiedenheit mit Bekannten gelangte ich durch Meditation und den Dialog mit meiner inneren Ratgeberin und meinem inneren Bild der jeweiligen Person immer zu einem besseren Verständnis der Situation, fand Frieden und eine größere Bereitschaft zu verzeihen. Manchmal traf ich die Betreffende später und stellte fest, daß sich auch ihre Einstellung »wie durch ein Wunder« geändert hatte. Manchmal bekam ich von ihr genau das Geschenk, das ich mir in meiner Meditation »vorgestellt« hatte. Gewöhnlich hatte ich das Gefühl, daß meine Meditation auf irgendeiner psychischen Ebene dazu beigetragen hatte, diesen Menschen ebenso zu heilen wie mich selbst.

Vielleicht kann eine Freundin dich durch diese Meditation führen, ihr könnt euch dabei auch abwechseln. Auf diese Weise kannst du dich ungehindert auf dein inneres Selbst konzentrieren und dich darauf verlassen, daß die andere dich wieder auf den richtigen Weg bringt, wenn du irgendwo hängenbleibst oder zu sehr abschweifst. Sie sollte das Thema der Meditation im Auge behalten, ihre Phantasie und ihr Einfühlungsvermögen einsetzen, um Fragen zu stellen, die dich weiterbringen, Anstöße zu geben oder dich in deinen Bewegungen zu unterstützen. Beschreibe alles, was während der Meditation in dir vorgeht, laut, damit deine Freundin weiß, was passiert. Es ist gut, den Text vorher durchzulesen und zu entscheiden, ob etwas daran geändert werden soll. Mach zwischen den einzelnen Anweisungen eine Pause. Die Anweisungen in Klammern sind Alternativmöglichkeiten. Wenn du den Kontakt zu deiner Ratgeberin allein aufnehmen möchtest, dann lies den Text mehrmals durch, bis du alles gut verstehst, oder nimm ihn auf Tonband auf.

Du brauchst Zeit und einen Platz, wo du etwa eine Stunde ruhig und ungestört verbringen kannst. Eine gute Meditationshaltung findest du, wenn du dich auf einen Stuhl setzt, die Füße sind am Boden, die Wirbelsäule ist frei, und die Hände ruhen im Schoß. Die Daumen können an den Zeige- und Mittelfingern liegen, so daß ein Kreis entsteht. Wenn du sicher bist, daß du nicht einschläfst, kannst du dich auch auf den Boden legen, dabei sind weder Arme noch Beine übereinandergelegt und der Kopf ruht auf der Unterlage. Diese Haltungen sorgen dafür, daß der Körper geöffnet ist und die Wirbelsäule sich in einer natürlichen Haltung befindet, Energie und Atem können frei fließen.

▶ Meditiere, um deine Mitte zu finden. Du wirst deiner Ratgeberin begegnen, du wirst die ganze Zeit mit dir selbst in Kontakt bleiben, deine Ratgeberin wartet darauf, dich willkommen zu heißen, und sie freut sich, daß du kommst.

● Nimm dich in dem Raum wahr, in dem du jetzt bist. Stell dir vor, daß du aufstehst, zur Tür hinausgehst und im Freien bist. Spüre, wie du diese Bewegungen wirklich ausführst und dir nicht von außen dabei zuschaust. Behalte dieses Gewahrsein die ganze Zeit bei. Wie ist es draußen? Was siehst du um dich herum? Wie fühlt sich der Boden unter deinen Füßen an? Ist er glatt, rauh, naß, trocken, hart, weich? Was für Geräusche hörst du? Welche Gerüche nimmst du wahr? Behalte diese Wahrnehmung die ganze Meditation über bei.

● Stell dir vor, daß du dich auf einer Straße oder einem Weg fortbewegst. Wie ist das? Du merkst, daß du dich allmählich immer weiter von den Häusern und den Menschen entfernst. Du kommst zu einem Wald. Du gehst immer tiefer in den Wald hinein. Achte auf das, was du hörst, riechst und siehst. Sind dort Tiere und Vögel? Was ist das für ein Gefühl, im Wald umherzugehen? Welche Jahreszeit haben wir gerade? Wie ist das Wetter? Welche Tages- oder Nachtzeit ist gerade? Was für Bäume und was für eine Landschaft umgeben dich? Nimm dir Zeit, dich wirklich an diesem neuen Ort zu erleben und seine Merkmale wahrzunehmen. Schließlich gelangst du zu einer Lichtung. Wie ist es da? Wie ist das Licht?

● Nachdem du dich mit der Lichtung vertraut gemacht hast, schau dich – in Gedanken – nach rechts zu deiner Ratgeberin um. Sie wartet dort auf dich, um dich zu begrüßen. Nimm sie so wahr, wie dir das am leichtesten fällt. Wenn du gut visualisieren kannst, laß ihr Bild vor dir auftauchen. Wie sieht deine Ratgeberin aus? Was hat sie an? Welcher Nationalität oder Gegend entstammt sie? Versuche, ihren Blick auf dich zu ziehen. Wenn dir das Hören mehr liegt, dann lausche auf die Stimme deiner Ratgeberin, um zu hören, wo sie ist. Oder du *spürst* einfach, daß deine Ratgeberin ganz nah bei dir ist und weißt ohne sie zu sehen oder zu hören, was sie dir mitteilt. (Wenn du deine Ratgeberin überhaupt nicht wahrnehmen kannst, dann laß ein Tier in Erscheinung treten. Bitte das Tier, dich zu deiner Ratgeberin zu führen. Wenn du bei deiner Ratgeberin bist, bedanke dich bei dem Tier und nimm wie oben beschrieben Kontakt zu deiner Ratgeberin auf.)

● Frage sie laut oder leise, ob sie deine Ratgeberin ist. Wenn sie »ja« sagt, dann frage nach ihrem Namen. Begrüßt euch. Teile deiner Ratgeberin mit, wie es dir bei der Begegnung geht. (Wenn sie sagt, daß sie nicht deine Ratgeberin ist, dann frage sie, wer sie ist und ob sie dich zu deiner Ratgeberin bringen kann. Wenn sie das ablehnt, geh weg und suche weiter nach deiner Ratgeberin, vielleicht mit Hilfe eines Tieres.)

● Frage deine Ratgeberin, ob sie dir gern etwas mitteilen möchte. Vielleicht möchtet ihr spazierengehen oder euch setzen, um miteinander zu reden. Frage sie, was du tun kannst, um dein inneres Selbst zu öffnen und es mit deinem anderen Selbst zu integrieren. Nimm die Hände deiner Ratgeberin und tue alles, damit die Energie zwischen euch fließen kann. Nimm weiterhin die Umgebung wahr, in der du bist und spüre, daß du wirklich dort bist.

● Frage deine Ratgeberin, ob sie dir noch mehr sagen möchte. Sage ihr, wie du die Begegnung empfindest und daß du gerne wiederkommen würdest. Frage sie, wie du das am besten machst. Wann solltest du das nächste Mal kommen? Wie wirst du wiederkommen, so wie dieses Mal oder anders? Hat sie irgendwelche Vorschläge, was du am besten tust, wenn du wiederkommst? Hat sie einen Rat für dich in deinem Leben draußen? Schließlich bittest du deine Ratgeberin um ein Geschenk, läßt dir über dessen Kraft berichten und dir sagen, wo du es tragen sollst.

● Verabschiede dich von deiner Ratgeberin. Bekräftige deine Verbindung zu ihr durch eine Umarmung oder indem du ihre Hände hältst. Gib acht, daß du deine Geschenke mitnimmst und erinnere dich an das Geschehene. Schaue dich noch einmal in der Umgebung um. Gehe durch den Wald und dann auf der Straße wieder zurück, spüre noch einmal, wie es dort ist. Allmählich näherst du dich deinem Ausgangspunkt und kommst wieder dort an. Nimm dich hier eine Zeitlang wahr. Wenn du bereit dazu bist, dann beginne, deinen Körper so wahrzunehmen, wie er sich jetzt im Raum anfühlt. Spüre deine Unterlage, deine Atmung, deinen Körper. Ganz allmählich berührst du dich am ganzen Körper. Wenn du bereit bist, dann öffne langsam die Augen und kehre mit deinem Bewußtsein in den Raum zurück.

Zeichne irgendwie auf, was für Geschenke du bekommen hast, was von dir verlangt wurde, was du erfahren, gesehen und gespürt hast. Du kannst kurze Notizen machen oder einen langen Bericht über die Reise zu deiner Ratgeberin schreiben. Vielleicht möchtest du die Gegend, deine Ratgeberin, andere Wesen oder dich selbst mit deinen Geschenken gerne zeichnen oder malen. Vielleicht möchtest du eine materielle Entsprechung der geistigen Geschenke, die du bekommen hast, anfertigen oder kaufen.

Meine erste Begegnung mit der Ratgeberin

Hier die Beschreibung meiner ersten Meditation mit der inneren Ratgeberin:

Ich bin in einer Höhle. Der Boden unter meinen Füßen ist tief. Es ist kühl hier drinnen, und das finde ich angenehm. Bis auf ein paar Kieselsteine am Boden ist die Höhle kahl. Rechts von mir bemerke ich ein mittelgroßes Loch. Ich krieche hindurch. Es führt zu einem Gang, der hoch genug ist, um aufrecht darin zu stehen. Ich fühle mich hier ganz geborgen. Jedoch hätte ich gern mehr Licht, und dann bemerke ich einige Laternen und Streichhölzer an der Wand. Ich gehe den Gang entlang und zünde unterwegs die Laternen an. Dann erreiche ich wieder eine Öffnung. Ich gehe hindurch.
Ich befinde mich auf einem Kliff in einer Wüstenhochebene, es ist wunderschön, es gibt Felsen in den verschiedensten Farben. Es ist ein früher Sommernachmittag, alles ist still, und ich spüre mich von etwas sehr Kraftvollem umgeben.
Ich wende mich nach rechts und halte nach meiner Ratgeberin Ausschau. Ich kann dort niemanden erblicken, ich bemühe mich um eine visuelle Wahrnehmung. Es kommt nichts. Ich spüre, daß meine Ratgeberin sich hinter einem großen Felsen rechts von mir befindet, und bitte sie, hervorzukommen. Plötzlich tritt eine junge, androgyne Gestalt hervor. Sie/er hat lange blonde Haare, wirkt recht zeitgemäß und trägt lose Kleidung. »Hallo, Hallie«, spricht sie/er mich an. »Ich habe lange auf dich gewartet«. Ich frage die Gestalt nach ihrem Namen und erfahre, daß Leo ihr Name ist. Ich frage Leo, ob sie/er ein Geschenk für mich hat, und sie/er gibt mir einen wunderschönen handgewebten Gürtel, den ich mir um die Taille binden kann, damit ich immer weiß, daß sie/er bei mir ist.
Ich bitte Leo, mich zur Sonne zu bringen. Wir gehen auf einem steilen Kiespfad abwärts. Ich muß sehr vorsichtig gehen, um nicht auszurutschen. Unten angekommen befinden wir uns auf einer wundervollen, grünen Blumenwiese mit einem Bach. Die Landschaft ist hier ganz anders als oben auf dem Kliff, aber das macht nichts. Die Sonne sitzt auf einem Felsen. Sie ist ein junger kleiner starker Mann. Er wirkt etwas unnahbar. Ich frage ihn, was er von mir braucht. Er sagt, ich solle mehr an mich selbst glauben und mehr Gelb in mein Leben aufnehmen. Er gibt mir einen goldenen Reifen, den ich über meinen ganzen Körper streifen kann, wenn ich Stärke und Sammlung benötige. Ich spüre, wie die Wärme und Energie des Reifens meinen ganzen Körper, besonders den Brustkorb umstrahlt.

Als nächstes bitte ich Leo, mich zur Hohepriesterin zu bringen. Leo führt mich auf einem Pfad zum Wald. Wir nähern uns dem Platz, wo die Hohepriesterin wohnt. Sie steht in einem Lichtkreis aus Sonne vor ihrem Haus und ist von Blumen umgeben. Sie ist etwa vierzig Jahre alt, eine kräftige Frau mit langen Haaren, sehr anmutig und stark. Wir tanzen eine Weile im Wald umher. Sie möchte, daß mir klar wird, daß alles, was ich aus meiner Stärke als Frau heraus tue, einen Beitrag zum Feminismus darstellt, auch wenn ich keinen direkten Zusammenhang erkenne. Selbst wenn ich einen großen Teil meiner Zeit damit verbringe zu meditieren und einfach ein normales Leben zu leben, schaffe ich in dem Teil der Welt eine neue Daseinsmöglichkeit für Frauen. Sie gibt mir eine ihrer Blumen zum Anstecken, damit ich mich daran erinnere, wie sich Stärke, Schönheit und Zartheit miteinander verbinden lassen. Es ist ein wunderschönes Stiefmütterchen. Ich danke ihr.

Ich bitte Leo, daß er die Sonne holt, damit wir alle zusammensein können. Die Sonne und die Hohepriesterin kennen sich schon, doch ist eine Spannung zwischen ihnen. Ich frage sie, was sie von mir und voneinander brauchen, damit wir alle zusammenwirken können. Die Sonne möchte, daß ich aufhöre, meine verschiedenen Lebensbereiche voneinander zu trennen, zum Beispiel das Rationale und die Intuition. Von der Hohepriesterin möchte er, daß sie ihm etwas von ihrem Zauber und ihrer Heiterkeit abgibt, denn er ist ziemlich bedrückt. Die Hohepriesterin möchte von mir, daß ich die Kraft erkenne, von der mein Leben bereits erfüllt ist und bittet die Sonne, ihre Blumen mehr zu bescheinen. Beide gewähren einander ihre Bitten, die Luft wird sehr viel leichter und klarer. Wir trinken Tee miteinander, die Stimmung ist sehr gut. Schließlich fassen wir uns alle bei den Händen, und Leo, die Sonne und ich verabschieden uns von der Hohepriesterin. Sie sagt mir, daß ich jederzeit wiederkommen kann, wenn ich möchte, und daß sie mich an ihrer Weisheit teilhaben lassen möchte. Leo und ich begleiten die Sonne zurück zu seinem Felsen, doch beschließt er, dort nicht sitzen bleiben zu wollen, sondern umherzugehen und den Tag zu genießen. Wir umarmen uns zum Abschied, und ich bedanke mich für den Reifen.

Leo und ich steigen den Pfad wieder hinauf. Ich bin sehr zufrieden und auch erstaunt über die Fülle in mir, auch bin ich ein wenig müde. Als wir oben sind, bedanke ich mich bei Leo. Sie/er sagt mir, daß ich jeden Tag eine Weile wiederkommen solle, wenn ich kann und daß sie/er mich mit jeder anderen Gestalt bekannt machen würde, die ich mir wünsche. Sie/er sagt mir, daß ich es gut machen und mir nach meiner Rückkehr Zeit lassen solle, diese Erfahrung auf mich wirken zu lassen. Ich bedanke mich bei Leo, und wir umarmen uns.

Durch den unterirdischen Gang kehre ich zurück. Es fällt mir sehr viel leichter als beim ersten Mal, ich habe jetzt das Gefühl, hierher zu gehören. Ich finde die Höhle so vor, wie ich sie verlassen habe und bin ihr dankbar dafür, daß sie mir bei dieser Reise nach innen geholfen hat. Allmählich kehre ich zu meinem Körper und dem Zimmer zurück, in dem ich sitze.[11]

Meditieren in der Gruppe

Gruppenmeditationen erreichen eine andere Tiefe und vermitteln andere Erfahrungen, als ich sie erlebe, wenn ich allein meditiere. Eine Gruppenmeditation ist ein klassisches Beispiel dafür, daß das Ganze größer ist als die Summe seiner Einzelteile. Jeder empfängt etwas von der kollektiven Energie und kanalisiert sie gleichzeitig. Die üblichen Ablenkungen machen sich nicht so bemerkbar, wenn wir von Gleichgesinnten umgeben sind, besonders bei der mit Meditation verbundenen Konzentration. Wenn wir andere an unseren Meditationserfahrungen teilhaben lassen, fühlen wir uns bestärkt, unsere individuelle Erfahrung gewinnt an Wirklichkeit, wir können sie leichter akzeptieren. Die Verbindungen in der Gruppe sind äußerst wertvoll. Wenn wir uns nur auf verbale Kommunikation verlassen, kann das eine Einschränkung bedeuten. Wenn wir unser innerstes Selbst zum Ausdruck bringen, kommen wir uns näher, können uns mehr mitteilen und besser zusammenwirken.

Du kannst eine Meditationsgruppe besuchen oder diese und alle weiteren Meditationen des Buches in eine bestehende Gruppe einbringen, sei es eine spirituelle oder eine Aktionsgruppe. Auch die Einzelmeditationen oder -übungen können für Gruppen abgewandelt werden.

Wählt bei einer Gruppenmeditation eine Person aus, die die Anweisungen laut vorliest, oder lest sie euch abwechselnd vor. Macht genügend Pausen. Die einzelnen haben bei den verschiedenen Meditationen ein unterschiedliches Zeitmaß. Mach dir keine Sorgen, wenn du merkst, daß du der Gruppe voraus bist oder länger brauchst. Es wird immer genug Zeit sein, auf die anderen zu warten oder sie einzuholen. Teilt euch nach der Meditation gegenseitig mit, was ihr erlebt habt. Vielleicht stellt ihr fest, daß ihr Ähnliches oder das Gleiche erlebt habt oder daß ihr euch gegenseitig wertvolle Hinweise geben könnt.

Der Energiekreis

Ein wichtiger Bestandteil bei vielen spirituellen Frauentreffen ist es, sich zu Beginn und am Ende im Kreis zusammenzusetzen und bei den Händen zu halten. Wenn wir ankommen, sind wir oft noch durch die Herfahrt, Termine, unsere Arbeit und andere persönliche Probleme abgelenkt. Wenn wir uns die Zeit nehmen, bewußt miteinander in Kontakt zu kommen, gewinnen wir unsere Energie zurück. Selbst wenn wir uns bei unserer Ankunft ganz in unserer Mitte fühlen, bedeutet dieses gemeinsame Meditieren einen Übergang, wir können uns auf das Zusammensein in der Gruppe einstellen und uns darauf konzentrieren, was wir miteinander vorhaben. Jedes Gruppenmitglied findet mehr in seine Mitte, und wenn die Energie der einzelnen zusammenfließt, ist die Gruppe insgesamt stärker. Die Treffen bewirken mehr, werden einfallsreicher und machen mehr Spaß. Der Energiekreis ist ein gutes Mittel zur Sammlung, wenn die Konzentration bei einem Treffen nachläßt. Macht eine Unterbrechung, nehmt euch die Zeit, im Kreis zusammenzukommen, dann hört die Unruhe meist auf. Am Ende einer Sitzung »erdet« der Kreis die Energie, so daß wir nonverbal wieder in Kontakt miteinander treten und den Übergang zu unserem sonstigen Leben vollziehen können.

Schon bevor ich über die Verbindung von Frauen mit Kreisen wußte (wie zum Beispiel die Gebärmutter, der Mond und die Kreise auf den Frauenkörpern in den paläolithischen und neolithischen Höhlenmalereien), kam mir oft die Vorstellung von etwas Rundem ins Bewußtsein, wenn ich in meinen Bauch hineinatmete. Jetzt verstehe ich, auf welche Weise dieses Symbol der Ganzheit mit meiner wachsenden Kraft als Frau und mit meinem Bauch verbunden ist. Dieses Symbol kann für mich zu einer Möglichkeit werden, anderen meine Gefühle hinsichtlich Frauen, Ganzheit und Kraft zu vermitteln. Ich spüre die große Kraft des »Frauenkreises«, unserer Zusammenkünfte, und wenn wir uns selbst entdecken und ausdrücken.

Um Workshops und das Abschlußritual für eine Konferenz vorzubereiten, arbeitete ich mit vier Frauen zusammen. Wir begannen jedes unserer Vorbereitungstreffen damit, daß wir uns bei den Händen hielten. Manchmal übernahm eine von uns es ganz spontan, uns andere bei einer kurzen Atementspannung anzuleiten. Einmal waren wir alle so erschöpft, daß wir unser Treffen damit begannen uns hinzulegen, wobei unsere Köpfe in der Mitte waren und wir ein Rad bildeten, unsere Hände legten wir uns gegenseitig auf den Bauch. Schon bald lachten wir, anstatt uns anzumuffeln, wir waren gelöst und nicht mehr angespannt. Die Treffen verliefen sehr flüssig, klar und ergaben Resultate. Gewöhnlich beendeten wir sie, indem wir uns einfach an den Händen hielten und die Energie spürten. Jedesmal dachte ich wieder daran, wie anders es mir jetzt dabei ging als am Anfang und wieviel wir erreicht hatten. Oft war ich verblüfft darüber, wie leicht die Zusammenarbeit mit diesen Frauen war, obwohl ich einige von ihnen nicht gekannt hatte und wir noch nie zusammengearbeitet hatten. Die gute Zusammenarbeit unserer Gruppe kam wohl daher, daß wir darauf achteten, uns zunächst zu entspannen und zu sammeln, um die Energie zwischen uns fließen zu lassen. Wir konnten unterschiedliche Meinungen äußern, achteten aber darauf, daß uns das nicht entzweite.

Manchen bereitet es vielleicht zunächst Unbehagen, sich auf diese oder andere Meditationen einzulassen. Wenn ihr befangen seid, dann experimentiert ein wenig und findet heraus, was ihr dabei spürt. Entscheidet vorher, ob ihr mit eurer rechten oder eurer linken Hand Energie weitergeben möchtet.

► Setzt euch im Kreis zusammen und ergreift die Hände der Frauen neben euch. Wenn ihr für einen Kreis zu viele seid, bildet mehrere ineinanderliegende Kreise um einen gemeinsamen Mittelpunkt oder setzt euch halbmondförmig zusammen. Wenn ihr in Reihen sitzt, können die Frauen am Ende jeder Reihe die Frau vor oder hinter sich berühren oder ihre Hand ergreifen, bis die ganze Gruppe miteinander verbunden ist.

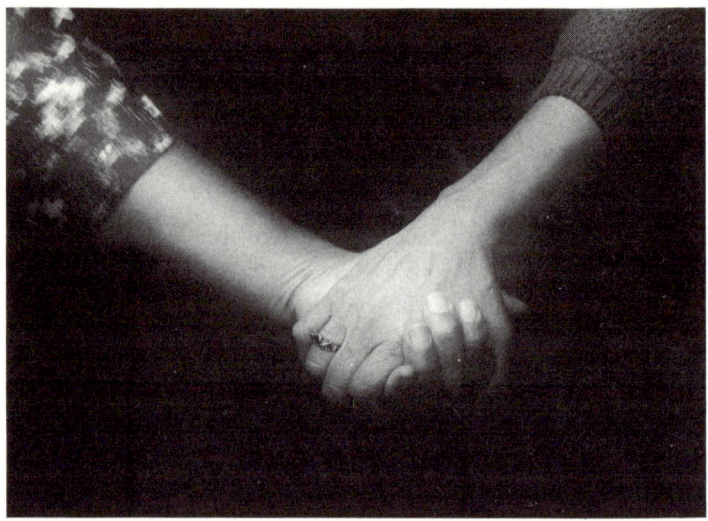

• Schließt die Augen und macht ein paar ruhige Atemzüge. Wie sitzt ihr? Wie ist eure Atmung? Stellt euch vor, daß sie jede Körperstelle erreicht, die ihr entspannen möchtet und jede unnötige Spannung mit sich nimmt. Laßt euch in die Unterlage sinken, spürt den Kontakt eurer Füße oder eures Gesäßes mit dem Boden. Nehmt Beine, Becken, Brust, Rücken, Arme, Nacken und Kopf wahr. Stellt euch vor, daß durch eure Wirbelsäule eine Schnur verläuft, die durch den Scheitel hindurch mit der Decke verbunden ist. Diese Schnur hält euch aufrecht – ihr braucht euch nicht anzustrengen. Spürt, wie ihr überall von Luft umgeben seid. Wendet dann die Aufmerksamkeit euren Händen zu. Was fühlt ihr? Spürt oder stellt euch vor, wie die Atemenergie von der Hand der Frau zu eurer Linken in die Hand fließt und über die Schultern und die rechte Hand die nächste Frau erreicht, die sie an die nächste weitergibt und so weiter. Nehmt die Energie wahr, wie sie im Kreis herum und wieder durch euch hindurchfließt, immer wieder. Nehmt euch als Teil der ganzen Gruppe wahr. Spürt, wie die Energie durch jeden Teil eures Körpers fließt, der der Heilung bedarf. Ihr spürt einander mit eurer gesammelten Energie, beruhigend, entspannend, heilend und belebend. Tauchen in eurem Bewußtsein Farben, Bilder, Gefühle auf? Wenn ihr die Energie fließen spürt, dann laßt mit dem Atmen einen Ton kommen. Laßt ihn sich ausdehnen, sich mit den Tönen der anderen vereinigen zu einem improvisierten Gesang, der seine eigenen Rhythmen und Tonlagen hervorbringt. Laßt diesen Gesang allmählich wieder verstummen.

● Wenn ihr soweit seid, dann wendet eure Aufmerksamkeit wieder eurem eigenen Körper zu und laßt ganz langsam die Hände der Frauen neben euch los. Öffnet die Augen und schaut euch um. Wie sieht jetzt jeder im Vergleich zu vorher aus? Wie fühlt ihr euch?

Wenn ihr wollt, könnt ihr eure Hände, anstatt sie zu ergreifen, einander auf den Nacken, den Bauch, das Kreuz oder andere Bereiche legen, die Energie brauchen. Entwickelt dabei eure eigenen Formen, je nachdem, was die Gruppe oder die einzelne im Moment braucht.

Singen und Musik

Musik spielt in vielen Religionen eine große Rolle, und Bestandteil vieler traditioneller Meditationen ist die Teilnahme aller an Musik und Bewegung. Wirkungsvolle Worte in Verbindung mit bestimmten Rhythmen und Melodien können sofort Energie umwandeln und zur Öffnung des individuellen Bewußtseins und dem der Gruppe beitragen. Das Erfassen der Hände und das gemeinsame Singen ist eine sehr wirksame Gruppenmeditation. Das Improvisieren mit Instrumenten, vor allem mit einfachen, wie Trommeln und Rasseln, sorgt bei der Meditation für eine besondere Energie.

● Beginnt mit dem Kreis der Hände, achtet auf eure Atmung. Allmählich laßt ihr einen beliebigen Ton kommen: Singen ohne Worte, Geräusche aus der Natur, Emotionen, was immer im jeweiligen Moment seinen Ausdruck finden möchte. Wenn ihr Instrumente habt, dann spielt sie abwechselnd, auch wenn ihr meint, daß ihr das nicht könnt, denn die Meditationsenergie leitet euch. Laßt den Zusammenklang der Gruppentöne allmählich verstummen. Sitzt noch ein paar Minuten still da und spürt die veränderte Energie im Kreis. Teilt euch eure Erfahrungen mit.

Die meisten der folgenden Lieder sind in Amerika in Frauenkreisen bei Zusammenkünften weit verbreitet, oft gibt es mehrere Versionen. Sie sind insofern »Volkslieder« geworden, als die Namen der Verfasser unbekannt sind und es häufig verschiedene Fassungen gibt.

Die Erde, die Luft, das Feuer, das Wasser
(Gesang amerikanischer Ureinwohner – Frauen sangen ihn beim Mehlmahlen)

70

Jeder einzelne Abschnitt dieses Liedes wird zweimal wiederholt. Das Taktmaß kann der Trommelbegleitung oder den Bewegungen entsprechend verändert werden. Wenn das Wort »Erde« gesungen wird, berühren die Hände den Boden, beim Wort »Luft« bewegen sich die Hände spiralförmig vom Boden zum Himmel, bei »Feuer« werden die Hände erhoben, bei »Wasser« gesenkt.

Langes Federkleid
(Volkslied amerikanischer Ureinwohner)

Vorschlag zur Trommelbegleitung: pro Takt acht Schläge, Betonung auf jedem vierten Schlag. Es sollte ein guter Tanzrhythmus durchgehalten werden.

Kann beliebig oft wiederholt werden. In Gruppen entsteht nach ein paarmal Singen häufig eine Runde.

Das Lied hört mit »Erde« auf – haltet den Ton, solange ihr möchtet.

71

Du meine Schwester
(Sufi, volkstümlich)

Du mei - ne Schwe-ster, du mei - ne Mut - ter, du mei - ne Lie - be und mein
Freund. Du bist die Mit - te, du bist der An -fang, du bist völ - lig gren - zen -
los. Ich lie - be dich so sehr, durch dich seh' ich viel mehr. Seh' dich in
allem, seh' dich in mir. Denn ich bin in dir und du in
mir, denn ich bin in dir und du in mir. Du mei - ne mir.

Durch die Mitte geht ein Band

Durch die Mitte geht ein Band, al - les mit al - lem ver - bin- dend, kei - ne
Angst. Ich wu -ßte im - mer von dem Band, doch jetzt erst kann ich's spürn, denn du bist

da. Und ich glaub', daß du und ich   einst ver - bun - den als Ge - schmei - de wer -

den zie - ren der Göt - tin Ohr.   Durch die Mitte   geht ein Band,   al - les

mit al - lem ver -bin - dend, kei - ne Angst. Durch die   Angst, kei - ne Angst, kei - ne Angst.

Dieses Lied eine Oktave tiefer singen als angegeben.

3 Unsere Träume leben

Träume sind die Märchen der Psyche.
Früh am Morgen
wandere ich im Labyrinth
meiner Träume umher.
Oh scheue Träume,
die nicht ans Tageslicht kommen
oder sich von irgend etwas festhalten lassen
außer von einer Berührung, die so sanft ist
wie deine eigene.

Die Zurückeroberung unserer Träume ist für uns Frauen ein wichtiger Weg, um Zugang zu unserer Weisheit zu bekommen und wohltuend auf unsere Psyche einzuwirken. Die Überbetonung des Rationalen in der patriarchalischen Kultur hat eine ungesunde Angst vor dem Unbewußten nach sich gezogen. Indem den Träumen ihre Bedeutung abgesprochen wird, sind wir in unserer Gesellschaft von einer wichtigen Quelle der Weisheit und persönlichen Macht abgeschnitten. Aus unserem mangelnden Verständnis für unsere Träume erklärt sich zum Teil, warum laut Umfrage zwei Drittel der Träume in unserer Kultur unangenehm sind, weshalb einzig Angstträume als Vorahnung anerkannt werden und weshalb die meisten Menschen den Kontakt zu ihrem Innenleben verloren haben.

Nehmen wir zum Beispiel einen Kindertraum von mir. Er ist ein klassisches Beispiel für die Machtlosigkeit der Menschen, vor allem der Frauen und Kinder, in patriarchalischen Religionen:

Ich bin fünf. Meine Eltern haben zu einem Fest eingeladen, ich bin mit meiner Mutter in der Küche. Wir wissen, daß Gott uns befohlen hat, kein Wort zueinander zu sagen. Ich flüstere meiner Mutter etwas zu. Plötzlich werden wir beide von einem Engel die Treppe hinaufgescheucht. Es ist dunkel. Ich weiß, daß meine Mutter und ich zur Hölle fahren werden, und das ist alles meine Schuld.

Dieser Traum gehört zu meinen frühesten Kindheitserinnerungen. Er hat mich jahrelang beunruhigt. In einer Gesellschaft, die eine andere Einstellung zu Träumen hat, hätte meine Familie mich bei der Verarbeitung dieses Traumes begleiten können. So wäre eine direktere Verständigung mit meiner Mutter, Gott und dem Engel möglich gewesen und ich hätte deren Bedeutung für mein Leben herausfinden können. Die durch diesen Traum entstandenen Konflikte hätten gelöst werden können. Doch in meiner Gesellschaft wurde mir lediglich gesagt, daß das »ja nur ein Traum« sei und ich ihn vergessen solle. So blieben meine Träume weiterhin faszinierende und manchmal beunruhigende Geheimnisse.

In anderen Kulturen wird mit Träumen anders verfahren. Zum Beispiel beginnen die Tibeter den Tag oft mit einem Gespräch über ihre Träume, um das unbewußte Wissen der vergangenen Nacht in den Alltag zu integrieren. Das bekannteste Beispiel für eine Kultur, die Träume zur Entwicklung voll integrierter Persönlichkeiten einsetzt, sind die Senoi. Die Senoi sind eine malaysische Stammesgesellschaft, die bekannt dafür ist, daß sie friedfertig, kooperativ und neurosenfrei ist. Die Entwicklung dieser Eigenschaften und die Aufrechterhaltung von Individualität und Kreativität ist nur dadurch möglich, daß sie ihr Leben unter Verwendung von Träumen gestalten und ihr bewußtes und ihr unbewußtes Selbst in ein freies gesundes Ganzes integrieren. Diese Integration ist ein Hauptanliegen der Meditation, und die Beschäftigung mit Träumen kann eine wertvolle Hilfe bei der Meditation sein.

Frauen und Träume

Seit prähistorischen Zeiten sind Frauen mit der Nacht, der Dunkelheit und dem Unbewußten in Verbindung gebracht worden. Der Mond, ein traditionelles Symbol für Frauen, wird ebenfalls mit Träumen, »jenseitigen Welten« und besonderen

Kräften assoziiert, ebenso auch mit »Verrücktheit«. Die moderne Psychologie hat die Verbindung von Frauen mit dem Emotionalen und Unbewußten weiter verstärkt. Es ist bedeutsam, daß in dem Maße, in dem Frauen ihre politische Macht geltend machen, auch Träume und andere psychische Phänomene aus der jahrhundertelangen Versenkung herausgehoben werden.

Es sei dahingestellt, ob Frauen von Natur aus gefühlsbetonter und psychisch empfänglicher sind als Männer, doch sind wir so erzogen und dazu angehalten worden, unsere Sensibilität in diesen Bereichen zu schärfen. In einem Zeitalter, in dem psychische Phänomene immer mehr anerkannt werden, haben wir einen Vorsprung.

Zwar wird in den antiken griechischen Tragödien, der Bibel, bei Shakespeare und in den überlieferten Sagen und Märchen auf die Schönheit und Macht der Träume und auch auf ihre Nützlichkeit für Problemlösungen, Einfallsreichtum und Vorhersagen verwiesen, doch die moderne technologische Kultur ist gegen jede Form von »Irrationalität« mißtrauisch. Logik ist sicherlich nicht die einzige Möglichkeit, um Informationen oder Erkenntnisse zu erlangen, doch mit der Befreiung der westlichen Kultur aus tiefer Unwissenheit und aus Aberglaube mit Hilfe der Wissenschaft gewann Logik eine sakrosankte Unantastbarkeit, wie sie früher nur Königen und Göttern zukam. Je stärker die Technologie die Oberhand über Naturkräfte gewann und sie in Frage stellte, um so mehr gerieten Träume und andere Formen psychischer Kraft in Verruf.

Die moderne westliche Psychologie ist aus dem Bemühen heraus entstanden, die Entfremdung von unserem inneren Selbst zu mildern, die eine Folge des Versuchs war, sich völlig auf den rationalen Verstand zu verlassen. Doch selbst ein bahnbrechender Traumforscher wie Sigmund Freud wertete Träume vor allem als psychische Müllschlucker, deren Inhalt illusorische Wunscherfüllungen oder Ausdruck von Neurosen waren, der sich rational zergliedern, analysieren und beseitigen ließ. Ein weiterer einflußreicher Psychologe des 20. Jahrhunderts, Carl Gustav Jung, maß Träumen mehr Bedeutung bei und ermunterte seine

Patienten dazu, sich von ihren Träumen leiten und inspirieren zu lassen. Doch seine Kategorisierungen, besonders was die weibliche »Empfänglichkeit« und die männliche »Selbstbehauptung« anbelangt, bedeuten sowohl für Frauen wie auch für Männer eine zu große Einengung.

In unserer Gesellschaft ist die bestechende, komplexe und direkte Weisheit der Träume in Mißkredit geraten. Weitverbreitete Ansichten und die Erziehung machen es uns immer noch schwer, Träume ernst zu nehmen und daran zu glauben, daß wir *mit* ihnen zusammenwirken können, anstatt sie einfach zu vergessen oder von ihnen heimgesucht zu werden. Wir sind dazu angehalten worden, dem Irrationalen als minderwertigem Urteilskriterium zu mißtrauen, es von der Hand zu weisen – »Das kann nicht stimmen! Es ergibt keinen Sinn« (wenn dieser Sinn gar nicht oder erst sehr viel später rational zu erkennen ist) – oder als mangelnde Standfestigkeit zu werten – »Ich will das einfach so wahrhaben«.

Träume sind jedoch immer eine Inspiration gewesen. Eines der berühmtesten Beispiele dafür ist Kekulé, ein deutscher Chemiker, der im 19. Jahrhundert aufgrund eines Traumes die Benzolstruktur entdeckte. Er experimentierte die ganze Nacht hindurch, angeregt durch einen Traum von einer Schlange, die sich in den eigenen Schwanz biß. Dieses Bild ließ ihn die Ringstruktur des Benzolmoleküls entdecken. Während meiner Arbeit an diesem Buch träumte ich von seinem Aufbau und Titel, die sich grundlegend von allem unterscheiden, was ich mir vorgestellt hatte. Ich bediente mich der Ideen aus den Träumen, und sie machten mich auch offener für andere neue Einfälle. Die Fotografin Marcelina Martin, die viele der Aufnahmen für dieses Buch gemacht hat, beschreibt, wie sie sich in ihrer Kreativität von Träumen helfen läßt:

Im Lauf der Jahre ist für mich Kunst immer mehr zum Ritual und sind Künstler zu Schamanen/Schaffern von Ritualen geworden. Viele meiner Bilder haben ihren Ursprung in geleiteten Meditationen oder Träumen. »Auf dem Traumrad« geht aus einem Traum hervor, den ich während einer Übergangsphase meines Lebens träumte. Ich befaßte mich mit dem Medizinrad, einer nordamerikanischen Indianerzeremonie. Das Rad setzt sich aus Steinen zusammen, die als »Meditation« dienen. Im Traum war ich die Radnabe, mit Steinen auf Gesicht, Armen und Händen. Ich bat eine Frau, diesen Traum mit mir zu bearbeiten, indem sie für mich posierte. Am Strand sammelte ich kleine Muscheln und ordnete sie in bestimmten Mustern auf ihrem Gesicht, ihren Armen und ihren Händen an. »Auf dem Traumrad« war eine äußerst bedeutsame Fotografie. In dem Bild kommt nicht nur die Stärke und Macht zum Ausdruck, die ich im Traum gespürt hatte, es erinnert mich auch immer wieder daran, daß Kreativität heilen kann.

In den vergangenen Jahren hat es immer mehr Veröffentlichungen über asiatische, afrikanische, nord- und südamerikanische und australische Formen der Traumarbeit gegeben, ebenso auch über Praktiken alter europäischer Kulturen, die mehr von der Weisheit der Träume hielten als die heutigen. In den meisten dieser Kulturen haben Frauen großen Einfluß auf diese Praktiken. Zum Beispiel gelten in nordamerikanischen Kulturen die Träume menstruierender Frauen als besonders aussagekräftig, und diese Frauen wurden von den Stammesältesten bei Entscheidungen zu Rate gezogen.

Meine ersten Erfahrungen mit weiblicher Traumarbeit machte ich in einer Frauengruppe. Bei unserem ersten Treffen gingen wir im Raum umher und jede von uns sprach über ihr Verhältnis zu ihren Träumen. Es entstand in diesem Raum ein überwältigendes Gefühl der Kraft, als fünfzehn Frauen, von denen die meisten sich nicht kannten, einander ihr Inneres mitteilten. Nach ein paar Stunden kam es mir so vor, als hätten wir ein ganzes Leben miteinander verbracht. Wir hatten einen Grad an Aufrichtigkeit, Vertrauen und Intimität erreicht, wie das besonders unter einander fremden Menschen selten ist.

Heute entdecken einzelne, Traumgruppen für Frauen und Traumforscherinnen neue Möglichkeiten im Umgang mit Träumen. Durch meditative Traumarbeit fing ich im Erwachsenenalter an, meine Träume als wichtige Bereiche von mir selbst zu akzeptieren und zu schätzen und entdeckte, was ich aus ihren inspirierenden, rätselhaften und beängstigenden Aspekten lernen konnte.

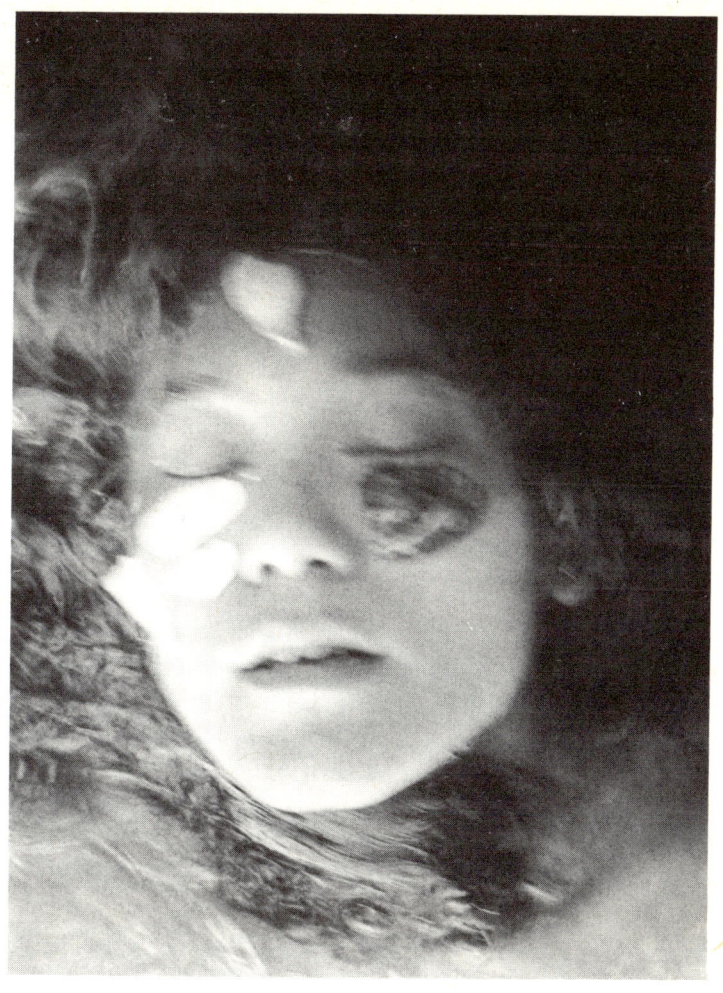

Auf dem Traumrad

Ich begann, mein bewußtes und mein unbewußtes Selbst miteinander zu vereinen und lernte, meine Träume zu leben. Die direkte
Beschäftigung mit meinen Traumthemen half mir dabei, mich
mit Bereichen meines Lebens im Wachzustand zu konfrontieren

und nach Lösungen zu suchen, in denen ich mir früher ohnmächtig vorgekommen war. Durch meine Träume wird mir immer wieder klar, daß das Dasein sehr viel umfassender ist, als mir oft bewußt wird. Aus ihnen beziehe ich die Einfälle, Antworten und den Sinn für Schönheit, die mir im Alltag häufig entgehen. Manchmal besteht meine Meditation hauptsächlich in der Traumarbeit.

Wie viele andere Bereiche der meditativen Arbeit für Frauen läßt sich durch Traumarbeit der Energiefluß zwischen voneinander getrennten Bereichen freisetzen, in diesem Fall zwischen unserem Selbst im Wach- und im Schlafzustand. Wenn wir die Verbindungen zwischen den bewußten und den unbewußten Aspekten unseres Seins öffnen, befreien wir unser spirituelles Selbst aus Isolation und Neurose.

Bei der Traumarbeit, wie wir sie in der spirituellen Frauenbewegung kennen, akzeptieren wir unsere Träume auf der Basis ihrer Aussagekraft und lernen mit ihnen im Vertrauen darauf umzugehen, daß unser intuitives Selbst zuerst zu Wort kommt, stark unterstützt von unserer Rationalität. Wir lassen unsere Träume sich entwickeln, vervollständigen sie, verbessern sie und setzen sie in Arbeit, Kunstwerke, Ideen und Freude um. Wenn wir das, was wir aus den Träumen gelernt haben, auf unsere Arbeit, künstlerischen Vorhaben, politischen Aktionen und unser persönliches Wachstum anwenden, bauen wir damit eine weitere Barriere ab, und zwar die zwischen Rationalität und Intuition. Wenn wir unsere Träume als Quelle unserer Kreativität und uns selbst als talentierte, schöpferische Frauen anerkennen, bejahen und entwickeln wir dadurch lang verborgene Kräfte. Wenn wir uns unsere Träume gegenseitig mitteilen, gelangen wir zu einer Nähe, die die üblichen physischen, psychischen und gesellschaftlichen Grenzen überwindet.

Hinweise für die Traumarbeit

Wenn du dich zur Beschäftigung mit deinen Träumen entschließt, überlege dir, ob du das allein oder mit anderen tun möchtest. Teilweise beschäftigst du dich am besten allein mit deinen Träumen, doch kannst du sie auch einer Mitbewohnerin oder Freundin mitteilen, dich einer Traumgruppe anschließen oder eine gründen, oder die Nacht mit einer Gruppe von Freundinnen verbringen, wobei ihr euch am Morgen eure Träume mitteilt. Oft vermitteln andere eine neue Sichtweise und/oder unterstützen dich.

Wichtig für deutliche Träume ist guter Schlaf. Richte deinen Schlafplatz als ein eigenes privates Traumrefugium her. Mache dir ein bequemes, einladendes Bett. Das kann eine feste Matratze sein (leg eine Holzplatte unter, wenn deine zu weich ist), ein Wasserbett, eine Schaumgummiliege oder ein japanisches Futon. Wenn du schlecht einschläfst, dann mache vor dem Schlafengehen Atem- und Dehnübungen oder trink einen entspannenden Kräutertee, zum Beispiel Pfefferminz oder Kamille.

Was du auch vorhast, beglückwünsche dich zum Träumen! Alle träumen, egal, ob sie sich noch daran erinnern oder nicht. Zwanzig Prozent unseres Schlafes verbringen wir träumend, es ist also eine Fülle von Träumen da, die wir ergründen können. Ich habe viele sagen hören: »Ich träume nicht«, oder: »Ich kann mich nie an meine Träume erinnern«. Und sie alle stellen fest, daß ihnen ihre Träume ganz deutlich werden, sobald sie begonnen haben, sich mit ihnen zu beschäftigen.

Sag dir, daß du dich an deine Träume erinnern möchtest. Sag dir den ganzen Tag über und vor dem Schlafengehen, daß du dich an deine Träume erinnern wirst. Formuliere dies als positive Aussage, zum Beispiel: »Heute werde ich mich an meine Träume erinnern«, und nicht: »Es wäre wirklich schön, wenn ich mich an meine Träume erinnern würde«.

Beglückwünsche dich dazu, daß du dich an deine Träume erinnerst. Ganz gleich, ob deine Träume angenehm oder unangenehm sind, sie dienen dir als unschätzbare Ratgeber im Wachen und im Schlafen. Schöne Träume sind aufregende, beflügelnde Abenteuer, bei denen du Zugang zu deinen reichhaltigsten Kraftquellen hast. Unangenehme Träume sind für deine Psyche eine Möglichkeit zum Wachstum, zum Umgang mit der Welt und zur Suche nach neuem Wissen. Du kannst mit ihnen arbeiten und sie in angenehme Träume verwandeln.

Sprich mit anderen über deine Träume. Sich zusammen mit anderen mit den Träumen zu beschäftigen ist eine wichtige Möglichkeit, den Umgang mit Träumen zu lernen. Dadurch wird der mangelnden Wertschätzung von Träumen seitens unserer Gesellschaft entgegengewirkt. Träume sind Bestandteil unserer persönlichen Geschichte, und durch die gegenseitige Mitteilung schaffen wir eine neue kollektive Frauenmythologie, neue Möglichkeiten des Umgangs miteinander, eine neue Kultur, unsere eigene Gemeinschaft (mehr über persönliche und kollektive Mythologie siehe 4. Kapitel). Höre dir die Träume der anderen an, ohne ihnen deine eigenen Assoziationen aufzudrängen. Stelle Fragen, um ein tieferes Vordringen in die Träume zu unterstützen oder biete der Erzählerin, nachdem sie fertig ist, deine intuitiven Einfälle dazu an. Lege besonderes Augenmerk auf deine Träume, wenn du in deinem Leben Krisen durchmachst. Deine Träume können dir hilfreiche Einsichten vermitteln.

Respektiere die nächtlichen, jahres- und lebenszeitlichen Zyklen deiner Träume. Träume von Frauen stehen in einem besonderen Zusammenhang mit dem Menstruationszyklus, wobei das Erinnerungsvermögen an Träume zum Zeitpunkt des Eisprungs am höchsten ist. Unsere natürlichen Schlafrhythmen haben Einfluß auf unsere Traumzyklen. Erschöpfung, Medikamente und das Klingeln des Weckers können sich auf dein Traumleben ebenso hemmend auswirken wie auf deinen Tagesablauf im Wachzustand. Geh nach Möglichkeit schlafen, bevor du übermüdet bist, damit du von selbst aufwachen kannst. Wahrscheinlich erinnerst du dich dann an mehr Träume und an mehr Einzelheiten.

Nimm dir für die Beschäftigung mit deinen Träumen Zeit, am besten gleich nach dem Aufwachen. Lieg ein paar Minuten ruhig da und laß dir deine Träume noch einmal durch den Kopf gehen. Wenn du dich nicht an einen Traum oder Traumfragmente erinnern kannst, dann achte auf die Stimmung, in der du bist, oder die Gedanken beim Aufwachen, oder ruf dir noch einmal die wichtigsten Ereignisse der letzten Tage in Erinnerung. Deine Gedanken oder Impulse beim Aufwachen können dir einen Zugang zu deinen Träumen verschaffen. Nachdem du dich an möglichst viel erinnert hast, wechsle die Lage oder dreh dich um und schau, ob dir vielleicht noch mehr einfällt. Das wirkt Wunder!

Führe ein Traumtagebuch. Kauf dir ein schönes Tagebuch oder mach dir selber eines, das mit einem besonders guten Gefühl für deine Träume verbunden ist. Am besten nimmst du unliniertes Papier, so daß du auch darin zeichnen kannst.

Schreibe deine Träume auf. Dabei wirst du merken, daß dir allmählich immer mehr Träume und Einzelheiten einfallen. Du kannst auch Zeichnungen oder Schaubilder deiner Träume anfertigen, dir Lieder dazu ausdenken oder die Träume auf Tonband sprechen. Wenn du mitten in der Nacht aufwachst und deinen Traum aufschreiben möchtest, kannst du einen Spezialstift mit einem Lämpchen benutzen, das die Stelle beleuchtet, wo du gerade schreibst. Leg das Schreibmaterial in Reichweite bereit. Mein Notizbuch mit Stift liegt neben meinem Kopfkissen. Wenn du mehrere lange Träume hast, dann mach zuerst ein paar kurze Notizen, damit dir nichts entfällt, während du die zuerst geträumten Träume im einzelnen aufschreibst. Wenn du mit den Aufzeichnungen beginnst, fällt dir allmählich immer mehr ein. Falls du mit einer inneren Ratgeberin zusammenarbeitest, werden dir oft lange Passagen deiner Träume wieder einfallen, wenn du sie noch einmal mit ihr durchgehst.

Schreib deine Träume im Präsens auf. Das hilft dir, den Traum noch einmal zu durchleben. Versetz dich wieder in den Traum zurück. Erleb deine Handlungen, spüre deine Emotionen, deine Einstellung dazu. Achte auch auf Farben, Energie- und Bewegungsveränderungen und andere weniger konkrete Aspekte deines Traums. Wenn du einen besonders lebhaften oder schematischen Traum hattest, möchtest du vielleicht ein Bild dazu malen oder eine Karte zeichnen. Manchmal läßt sich ein Traum am besten visuell darstellen. Leg auch Buntstifte oder Filzstifte bereit, damit du die Bilder, Farben und Bewegungen deines Traums festhalten kannst. Wenn du einen besonders eindrucksvollen Traum hattest, dann nimm dir Zeit für dein eigenes Meisterwerk. Durch Träume inspirierte Kunstwerke, seien es Gemälde, Fotografien, Stickereien, Skulpturen oder Lederarbeiten, können ein großartiges Mittel zur Wiedererlangung kreativer Fähigkeiten sein. Verlaß dich auf deine Vorstellungskraft und werte nicht mit deinem kritischen, logischen Verstand. Gehe ganz spontan vor, die Bilder werden *dich* leiten. Meine Arbeiten sind ziemlich simpel, und diese Einfachheit bringt die Kraft des Traumbildes zum Ausdruck.

Fertige dir ein Traumkissen an. Nimm dazu Stoff, der dir besonders anregend für Träume erscheint, und nähe eine kleine Tasche, die du mit Beifuß (für intensivere Träume) und Flohkrautsamen (Psyllium; zum besseren Erinnern der Träume) füllst. Die Kräuter bekommst du im Naturkostladen. Die innere Konzentration bei der Herstellung des Kissens hilft dir, deine Aufmerksamkeit auf deine Träume zu richten, und die Kräuter wirken auf dein Bewußtsein, besonders wenn du mit dem Kissen schläfst.

Laß Veränderungen zu. Im Laufe deiner Beschäftigung mit Träumen verändert und entwickelt sich deine Beziehung zu ihnen. Nachdem ich eineinhalb Jahre jeden Morgen meine Träume (drei bis sechs täglich) aufgeschrieben und mich mit ihnen auseinandergesetzt hatte, hatte ich plötzlich genug davon. Es dauerte eine Weile, bis ich das Gefühl hatte, daß es in Ordnung sei, es aufzugeben, mich so gezielt mit meinen Träumen auseinanderzusetzen. Und dann merkte ich, daß sie sich in mein Leben im Wachzustand integrierten, auch ohne daß ich mich bewußt darum bemühte und mit jedem einzelnen beschäftigte. Oft erwachte ich in einem ganz klaren Energiezustand aus meinen Träumen, in voller Bereitschaft, alles zu erledigen, was an dem Tag anstand. Während der Arbeit an diesem Kapitel begann ich wieder damit, meine Träume aufzuschreiben und mich direkt mit ihnen zu beschäftigen. Seit der Pause sind meine Träume aufregender als je zuvor, und meine Entscheidungsfähigkeit im Träumen und im Wachzustand, meine Kreativität und mein Selbstbewußtsein haben zugenommen. Mir wurde klar, daß es manchmal ebenso gut ist, sich *nicht* mit seinen Träumen zu beschäftigen.

Praktische Ratschläge in Träumen

Achte bei der Beschäftigung mit deinen Träumen darauf, ob sie praktische Ratschläge enthalten. Vielleicht macht dein Unbewußtes dir Mitteilungen, die dein bewußter Verstand nicht wahrnimmt oder nicht genügend zur Kenntnis nimmt. Ein praktischer Traum kann vielschichtig sein.

Zum Beispiel träumte ich vor ein paar Jahren von einer Dürre. Beim Aufwachen wurde mit klar, daß meine mehr auf Zufall beruhende Methode des Blumengießens in Vernachlässigung umschlug und einige am Eingehen waren. Zudem herrschte zu der Zeit in Californien eine jahrelange große Trockenperiode, und ich wußte, daß sich in meinem Traum meine Besorgnis über das Ausbleiben des Regens ausdrückte. Auf psychischer Ebene wurde mir deutlich, daß es großen Bereichen meines Lebens an »Wasser« oder Zuwendung mangelte.

Zu einer anderen Zeit träumte ich mehrmals von Ballettschulen, Tanzauftritten und Wasserballett. Ich hatte vorgehabt, einen Tanzkurs zu machen, um meine Körperlichkeit und mein Selbstvertrauen zu fördern. Die Träume zeigten mir, daß das für mich ein wichtiger neuer Lebensbereich war, und dadurch ermutigt, schrieb ich mich für einen Theaterworkshop und einen Akrobatikkurs ein. Diese Kurse leiteten ein ganz neues Kapitel in meinem Leben ein und halfen mir, den Clown und die Tänzerin in mir zu entdecken.

In einer Gruppe über Beziehungen arbeiteten wir auch mit Träumen. Eine Frau war gerade damit beschäftigt, sich von ihren

Vorstellungen zu trennen, wie eine bestimmte Beziehung auszu-
sehen habe, und berichtete diesen Traum:

Ich halte eine runde, durchsichtige Kugel in meiner Hand. Zwei
geistige Ratgeberinnen links und rechts neben mir zeigen mir, wie
ich mit der Kugel umgehen muß, um die Zukunft zu sehen und eine
Antwort auf meine Frage zu finden. Sie erklären mir, daß die Kugel,
wenn ich sie loslasse, vor mir schwebt und die Antwort darin zu
sehen ist. Ich habe Angst, daß sie hinunterfällt und versuche, sie
festzuhalten. Ich merke, daß sie tatsächlich schwebt, wenn ich
loslasse, doch sobald ich sie zu ergreifen versuche, fällt sie wie eine
große Last schwer zur Erde.

Träume umwandeln

Zu den wichtigsten und grundlegendsten Möglichkeiten der
Traumarbeit gehört es, Träume neu zu erschaffen, zum Beispiel
in einer Meditation ähnlich der geleiteten Phantasie, durch Ausdenken einer Geschichte, zusammen mit der inneren Ratgeberin
(siehe 2. Kapitel) oder mit jemandem zusammen, die dich durch
das nochmalige Erleben deines Traums geleitet. Der Leitsatz
lautet für dich dabei: »Was möchte ich in diesem Traum tun?«
Das ist dein Traum, du kannst darin tun, was du willst und ihn so
verändern, wie du das möchtest! Die meisten beginnen im
Wachzustand mit der Umwandlung ihrer Träume. Nach einer
Weile geht es vielen so, daß sie im Traum Bewußtsein erlangen
und die Handlung so abändern können, wie sie möchten. Andere
wachen auf, schlafen wieder ein und träumen eine neue, befriedigendere Fassung ihres Traumes.
Ich lernte die Umwandlung von Träumen in einer Gruppe, in der
wir uns zu einer Senoi-Familie zusammenfanden und uns gegenseitig durch Meditationen zur Umwandlung unserer Träume
geleiteten. Durch diesen Gruppenschwerpunkt bekam ich mehr
Kraft zur Veränderung meiner Träume und meines Lebens im
Wachzustand, denn durch die Aufmerksamkeit so vieler Menschen wurde ich stärker und phantasievoller[12].

In meinen Gruppen stellte ich fest, daß Frauen besondere Unterstützung brauchten, wenn es um die Auseinandersetzung mit schwierigen oder gewalttätigen Personen in ihren Träumen ging. Unser Traumselbst befindet sich psychisch und physisch in der Opferrolle: wir sind einer Unzahl von Angriffen ausgesetzt, die von leichter Verunsicherung bis zu Vergewaltigung und Mord reichen. Wenn wir in unseren Meditationen und Träumen neue Reaktionen und Möglichkeiten finden, können wir auch in unserem wachen Leben allmählich unsere Einstellung und unsere Handlungen ändern.

Gewöhnlich reagieren wir auf Träume, in denen wir durch Emotionen, Situationen, Personen, Tiere oder andere Gestalten gestört, bedroht oder angegriffen werden, indem wir uns selber damit beruhigen, daß »es ja nur ein Traum« war und ihn möglichst schnell zu vergessen versuchen. Das verhindert, daß sich die Traumenergie befriedigend löst, und wir werden von dem Traum oder dem durch ihn ausgelösten Unbehagen verfolgt. Wir müssen keine Opfer sein. Eine Traumsituation oder -person ist nur so lange bedrohlich wie die Träumende sie so empfindet. Unsere Angst verleiht den Traumaggressoren Macht. Wenn wir uns ihnen stellen oder sie entlarven, verlieren sie diese negative Kraft, und wir wandeln sie in positive Kraft um, entweder direkt im Traum oder indem wir Energie in unser aktuelles Leben mit hineinnehmen. Gewalt ist im Menschen angelegt, doch wenn wir uns entscheiden, auf der Traumebene damit umzugehen, können wir sie vielleicht verflüchtigen, ehe sie sich physisch umsetzen kann.

Viele Frauen schrecken davor zurück, in ihren Träumen oder bei deren Verarbeitung gewalttätig zu sein. Wir haben gelernt, nett zu sein und wissen außerdem, wie das ist, von Gewalt bedroht zu sein. In den Gruppen zu weiblicher Spiritualität stellen die Teilnehmerinnen fest, daß sie sich im aktuellen Leben besser behaupten können, nachdem sie sich bei der Bearbeitung ihrer Träume darin geübt haben, sich mit Belästigungen und Gewalt auseinanderzusetzen. Das gibt ihnen wieder mehr Kraft für ihre Träume, was sie dann für ihr aktuelles Leben stärkt, denn das unbewußte Leben oder Traumleben ist ein Proben für den All-tag.

● Wähle einen Traum aus, den du verändern möchtest. Such dir einen ruhigen Platz und nimm dir Zeit (etwa 15 bis 30 Minuten). Wandel den Traum nach Möglichkeit um, sobald du dich nach dem Aufwachen an ihn erinnerst. Wenn du mit einer inneren Ratgeberin zusammenarbeitest, dann bitte sie, dir dabei zu helfen. Versetze dich in den Traum zurück. Wie ist die Umgebung? Was für Gerüche, Farben, Geräusche nimmst du wahr? Was tust du? Was denkst du, fühlst du?

● Wandle den Traum in der Gegenwartsform um. Sei wirklich dort. Du kannst die Agierenden alles fragen. Wenn neue oder verkleidete Figuren auftauchen, dann frage sie: »Wer bist du und was stellst du für mich dar?« Frage jede Traumfigur nach ihrer Rolle in dem Traum (»Warum hast du das getan?« – »Was bedeutet das?«), wenn du dich nicht zurechtfindest. Du kannst sie auch nach allem fragen, was im Traum vorkommt oder nach jedem Aspekt deines aktuellen Lebens, der dir wichtig erscheint. Du kannst versuchen, dir vorzustellen, daß du die Traumfigur bist, und aus dieser Perspektive die Botschaft entschlüsseln.

● Verändere die Handlung deines Traumes ganz nach deinen Wünschen. Du kannst in unbekannte Länder fliegen und sie erforschen, verschlossene Türen öffnen und neue Freundinnen und Liebhaber entdecken.

● Wenn eine Gegebenheit im Traum (eine Person, Situation, die Atmosphäre) dich stört, dann setz dich entweder im Traum oder in einer Meditation damit auseinander. Wenn es sich um ein amorphes Wesen handelt, bitte es, Form anzunehmen. Versuche, dich in einem freundlichen Meinungsaustausch mit ihm zu verständigen. Frage es, was es darstellt. Sage ihm notfalls, daß es dich von nun an in Ruhe lassen soll. Versuche, es mit Liebe zu überwinden. Wenn alles seinen Zweck verfehlt, und eine schwierige Gestalt sich weigert, einzulenken oder zu verhandeln, dann kämpfe mit ihr und bitte Freunde aus dem Traum oder der Realität, dir zu helfen. Ordne dir die Traumgestalt unter. Töte sie, wenn dies nötig ist, und erlaube ihr, als gutwilliges Wesen

wiedergeboren zu werden. Denk daran, daß in Träumen der Tod
– selbst dein eigener – oft ein notwendiger Schritt für die
psychische Wiedergeburt ist. Du selbst kannst beurteilen, was du
verändern willst.

● Arbeite weiter an deinem Traum, *bis er dir abgeschlossen
erscheint* und du zufrieden bist. Überschaue deine Geschenke,
was du gelernt hast und wie du das mit in deinen Alltag hineinnehmen kannst.

● Wenn ein Traum mit einem Menschen aus deinem aktuellen
Leben zu tun hat, dann führe den Traum auf der Ebene weiter.
Erzähle der betreffenden Person von dem Traum, oder falls das
nicht möglich ist, dann ändere deine Interaktion mit der Person
so, wie der Traum oder die Traumarbeit dir das nahelegt.

Bei der Neugestaltung deiner Träume wirst du feststellen, daß du
dein Leben mehr als früher bewußt beeinflussen kannst. Vielleicht fällt dir das sogar im Traum ein. Ich hätte nie gedacht, daß
mir das passieren würde. Doch hier die Beschreibung eines
Traums, den ich während der Arbeit an diesem Kapitel träumte:

Zwei Männer, die ich von der Schule her kenne, verfolgen mich auf
einer Landstraße. Ich weiß, daß sie mich vergewaltigen wollen. Vor
mir sehe ich eine steile Straße, die zu einer Farm auf dem Grund
eines Canyons führt, und beginne, hinunterzulaufen. Mit Entsetzen
stelle ich fest, daß das kein Ausweg ist: die Straße endet bei der
Farm, die Männer haben mich wahrscheinlich eingeholt, bevor ich
unten angekommen bin, und selbst wenn ich die Farm erreiche,
warten dort schon andere Männer, die sich an meiner Vergewaltigung beteiligen. Beim Rennen wird mir plötzlich klar: »Darauf
brauche ich mich nicht einzulassen!« Ich bleibe stehen, drehe mich
zu den Vergewaltigern um und lasse sie sich in Luft auflösen.

Träume planen

Du kannst den Inhalt deiner Träume bewußt auf ein bestimmtes
Thema lenken: die Lösung eines Problems, ein künstlerisches
Projekt oder einen besonderen Rat. Träume können dir die beste

Handlungsweise aufzeigen, indem sie sie dir ansprechend vor Augen führen, oder die Abläufe in einem Traum offenbaren dir die einer Situation zugrundeliegenden Einflüsse. Manchmal ermöglicht dein schlafender Verstand im Verlauf der Nacht die Lösung von Blockaden, so daß du beim Aufwachen am Morgen einfach »weißt«, was zu tun ist, auch wenn du dich an keinen bestimmten Traum erinnern kannst.

Als ich mit der bewußten Traumarbeit begann, träumte ich oft von dem, was ich vor dem Einschlafen gelesen hatte. Ich beschloß, meine Träume nicht durch irgendwelche Medien beeinflussen zu lassen – ich wollte von meinem eigenen Leben träumen. Ich nahm mir also vor, vor dem Einschlafen nicht mehr zu lesen oder sehr wählerisch zu sein. Ich stellte fest, daß ich, wenn ich stattdessen den vergangenen Tag an mir vorüberziehen ließ, auf ungelöste Dinge stieß, die ich noch einmal vor dem Einschlafen von allen Seiten beleuchten konnte. Oft träumte ich von der Person oder der Situation und konnte nach dem Aufwachen Aspekte erkennen, die ich übersehen oder um die ich mich nicht gekümmert hatte.

Wenn eine Entscheidung anstand, für die ich keine Lösung fand, konzentrierte ich mich vor dem Einschlafen darauf und sagte mir, daß mein schlafender Verstand mir die Antwort geben würde und daß ich mich auf meine Träume oder meine Gefühle gleich nach dem Aufwachen verlassen würde. Nach dem Aufwachen stellte ich mir sofort die Frage: »Was soll ich tun?« Entweder erinnerte ich mich an einen Traum, der mir eine deutliche Antwort gab oder ich spürte ganz sicher, was das Beste war. Manchmal mußte ich mir selbst Disziplin auferlegen, um mich auf meine Intuition zu verlassen und nicht in Zweifel und Rationalisierungen zurückzufallen.

● Wenn du deine Träume planen willst, mußt du dir eine definitive Vorstellung von dem verschaffen, was du möchtest. Drücke in einem einfachen Satz aus, wovon du träumen willst, zum Beispiel: »Soll ich die Stelle annehmen?« Damit gibst du deinem Selbst im Traum eine klare Botschaft, und es fällt dir leichter, deine Absicht sowohl im wachen wie im schlafenden Zustand im Auge zu behalten.

90

● Beschäftige dich im Wachzustand mit dem Thema, von dem du träumen möchtest; denk darüber nach, meditiere, lies, sprich darüber, gehe in Museen und schau dir Filme an. Deine Erfahrungen brauchen unterschiedlich lange, um in dich einzusickern, deine zahlreichen Bewußtseinsschichten zu durchdringen, sich mit anderen Elementen zu verbinden und in neuer Form in deinem Traumbewußtsein aufzutreten – so wie ein Samenkorn Zeit braucht, sich mit der Erde, den Mineralien und dem Wasser zu vermischen, bevor es wächst und gedeiht.

● Beschäftige dich vor dem Einschlafen eine Zeitlang mit deinem Thema, indem du darüber liest, nachdenkst oder meditierst. Eine gute Methode ist es, 15 oder 20 Minuten lang so viele Aspekte der Situation aufzuschreiben, wie dir nur einfallen: die Probleme, die guten Seiten daran, mögliche Hindernisse, Hoffnungen, Erwartungen und so weiter. Formuliere dann einen deutlichen Satz oder finde ein Bild, um die Situation zusammenzufassen. Konzentriere dich beim Einschlafen auf den Satz oder das Bild, so daß du das Problem direkt und klar angehen kannst.

● Nach dem Aufwachen, auch mitten in der Nacht, läßt du dir all deine Träume, Einfälle, Einstellungen und Stimmungen noch einmal durch den Kopf gehen. Zeichne alle Träume gleich auf. Wenn du wartest, vergißt du sie möglicherweise völlig oder dir geht ein Teil der nicht so leicht zu definierenden Aspekte verloren, die schöpferischen Traumbildern so viel Kraft verleihen. Wenn du gerade mit einem Kunstprojekt beschäftigt bist, ist es manchmal besser, wenn du sofort nach dem Aufwachen daran arbeitest, auch wenn das bedeutet, daß du nicht wie gewöhnlich deine Träume aufschreibst und darüber meditierst. Als ich an diesem Buch schrieb, fiel mir die Arbeit oft sehr viel leichter, wenn ich mich nach dem Aufwachen gleich an die Schreibmaschine setzte. Auch wenn die meisten meiner Träume nicht unmittelbar mit dem Buch zu tun hatten, floß die schöpferische Energie der Träume direkt in meine Arbeit ein.

● Setze deine Entscheidung in die Tat um, male deine Eingebungen, besing sie, lache sie, führe sie auf. Teile sie deinen Freundinnen, Kolleginnen und allen anderen in deinem täglichen Leben mit – und ermuntere sie, dir ihre mitzuteilen.

● Bilde eine Traummeditationsgruppe, in der ihr euch eure Träume und die daraus hervorgegangenen Ergebnisse laufend mitteilt.

Träume mit anderen teilen

Wenn wir unsere Träume unseren Freundinnen, Partnern oder unserer Familie erzählen, kann das eine wertvolle Verbindung zwischen dem bewußten und dem unbewußten Selbst sein. Unsere Träume sind zwar sehr persönliche und ganz einzigartige Gebilde, doch spielen andere in ihnen eine wichtige Rolle. Im alltäglichen Leben können sie uns Einsichten vermitteln und uns durch eine Traummeditation geleiten. In einer Traumgruppe können sich alle mit dem Traum einer einzigen Person beschäftigen. Die Gesamtheit der einzelnen ist besonders in spirituellen Frauengruppen sehr viel größer als die Summe der Teilnehmerinnen. Die Nähe und das Verständnis, die entstehen, wenn Menschen einander psychisch helfen, überträgt sich auch auf die übrigen Lebensbereiche. In jeder meiner Gruppen sind dauerhafte Freundschaften und Partnerschaften entstanden. Bei der Zusammenarbeit in spirituellen Frauengruppen kommt es zu Nähe und gegenseitigem Akzeptieren, wie sie nur wenigen von uns aus anderen Beziehungen bekannt sind.

Du kannst Traumarbeit mit den Menschen zusammen machen, mit denen du zusammenlebst, zusammenarbeitest, die du flüchtig kennst, oder du suchst Kontakt über einen Aushang, eine Anzeige oder andere Hinweise. Nimm dir täglich oder wöchentlich Zeit, um deine Träume mitzuteilen. Leitet einander bei den Traummeditationen an, verlaßt euch dabei auf eure Intuition, wenn ihr eure eigene Form der Traumarbeit gestaltet.

Der Tanz des Traumrads

Eine der umfassendsten Möglichkeiten der Traumarbeit besteht
darin, daß wir alle zu einem Traum beitragen, so wie die
Speichen eines Rades in der Nabe zusammenlaufen. Findet euch
in einer Gruppe zusammen, bringt Gegenstände und Kostüme
als Requisiten mit oder nehmt dazu, was gerade vorhanden ist.
Die Träumerin erzählt einen Traum, den sie gerne allen mitteil-
len möchte. Sie wählt aus der Gruppe einige aus, die verschiedene Rollen in ihrem Traum übernehmen. Die Akteure können
Menschen, Tiere, Gegenstände oder auch eine Stimmung oder
Atmosphäre darstellen. Einige können vielleicht einen Chor
bilden, der Musik macht oder den Traum mit Gesängen beglei-
tet.

● Alle Gruppenmitglieder halten sich am Anfang zu einer Meditation bei den Händen. Alle verbindet der Wunsch, daß jede eine
Zeitlang in der Lage sein möge, ihr Ich und ihre Person beiseite
zu lassen, um für alle Eingebungen offen zu sein, um den Traum
für die Träumerin zum bestmöglichen Ende zu bringen.

● Fangt an, den Traum so darzustellen, wie die Träumerin ihn
erzählt hat. Irgendwann beginnt eine der Akteurinnen spontan,
den Handlungsverlauf zu verändern (wie bei einer Theaterimpro-
visation), und zwar in einer Weise, die der Träumerin in dieser
Konfrontation hilft. Zum Beispiel kann eine Unterstützung darin
bestehen, die Träumerin dazu anzuhalten, sich mit einer proble-
matischen Gestalt ihres Traums auseinanderzusetzen, oder darin,
die problematische Gestalt aggressiver oder passiver werden zu
lassen. Die übrigen Akteurinnen reagieren entsprechend, wobei
sie der Träumerin durch ihre eigene Intuition helfen, den Traum
auszuagieren, bis er abgeschlossen erscheint. Meistens ist allen
klar, wann die Neuinszenierung des Traums beendet ist, doch
bestimmt das die Träumerin.

● Wenn ihr fertig seid, sprecht über eure Erfahrungen und
schließt mit einem Kreis der Hände.
Bei dieser Traumarbeit machte ich die Erfahrung, daß wir mehr
als bei jeder anderen Art der Meditation zur Lehrenden werden,

denn es erfordert sehr viel Achtung und Vertrauen, die Regie für die Neuinszenierung einem spontanen Gruppenprozeß zu überlassen. Die Ergebnisse sind immer verblüffend, die Träumerin sieht plötzlich neue Möglichkeiten, auf die sie nie gekommen wäre. Auch lernt sie, daß ihr Traum Wirklichkeit werden kann, und meistens stellen die anderen Frauen fest, daß sie zum Teil gleichzeitig ihre eigenen Träume verarbeiten können.

Im Traumrad schlafen

Gemeinsam zu schlafen und einander die Träume mitzuteilen ist sehr wirksam bei der Traumarbeit und zur Entstehung eines Gemeinschaftsgefühls[13]. Du kannst das auch ausprobieren, wenn du dich bisher noch nicht mit deinen Träumen beschäftigt hast, denn oft erleichtert das die Traumarbeit.

● Lade über Nacht eine Gruppe von Freundinnen ein und verbringt den nächsten Morgen miteinander. Einigt euch, ob ihr euch darauf konzentrieren wollt, alle zum gleichen Thema zu träumen oder ob eure Absicht darin besteht, einfach eure Träume intensiver zu erleben, indem ihr zusammen seid und am nächsten Morgen über eure Träume redet. Alle sollten ihr Bettzeug, Notizhefte und Zeichenmaterial mitbringen und ihre Aufmerksamkeit voll auf die individuelle oder gemeinsame Absicht richten. Findet einen Platz, wo ihr alle in Form eines Rades liegen könnt, entweder alle mit dem Kopf, oder mit den Füßen in der Mitte. Eure Körper sind die Speichen des Rades.

● Verbringt mindestens zwei Stunden vor dem Einschlafen gemeinsam in eurem Traumrad und konzentriert euch auf eure Träume. Singt, fertigt euch Traumkissen an, sprecht über Träume und Techniken der Traumarbeit oder tauscht Ideen aus über das, wovon ihr träumen möchtet.

● Am nächsten Morgen kann jede ihre Träume aufschreiben oder malen. Wenn eine von euch sich nicht mehr an ihre Träume erinnert, kann sie aufschreiben oder malen, wie sie sich beim Aufwachen gefühlt hat, denn oft schlagen sich unsere Träume in dieser subtileren Form nieder. Vielleicht stellt ihr etwas Einfaches zum Essen bereit, so daß die, die Hunger bekommen, essen können, ohne die anderen in ihrer Konzentration zu stören.

● Wenn alle ihre Träume aufgezeichnet haben, dann teilt sie einander mit. Wendet jedem Traum eure stille, ungeteilte Aufmerksamkeit zu, denn das sind alles Träume der einzelnen Teilnehmerinnen des Traumrades. Beendet den Kreis, indem ihr euch an den Händen faßt und euch darin bekräftigt, daß ihr euch eure Träume zu eigen machen könnt.

Meinen Traum leben

Ich möchte gern über einen Traum von mir aus dem Jahr 1970 berichten, denn er war der Vorbote eines Jahrzehnts voller Wachstum und Gemeinschaft, wie ich das noch nie erlebt hatte. Diesen Traum hatte ich in einer der schwierigsten und beängstigendsten Zeiten meines Lebens, und er half mir, genug Hoffnung und Mut zu fassen, um meine Suche nicht aufzugeben. Seitdem habe ich viele Veränderungen durchgemacht und bin jetzt an einem Punkt, wo ich merke, daß ich wirklich meinen Traum lebe:

Ich gehe spazieren und komme an eine Hecke aus meiner Kindheit, in deren Nähe ich als kleines Mädchen gespielt habe und aus deren Zweigen ich mir Pfeil und Bogen machte. Ich merke, daß ein Loch in der Hecke ist und krieche hindurch. Auf der anderen Seite angekommen, befinde ich mich in einer Welt mit wundervollen Menschen, die alle auf mich gewartet haben. Sie sind wie Narren in leuchtende, weitfließende Gewänder gekleidet. Mir wird augenblicklich klar, daß jede Person ihre ganze Energie auf eine ganz bestimmte Sache verwendet und dann alles mit allen anderen teilt.
Eine Frau gibt mir eine Karte, die sie in leuchtenden Farben gemalt hat. In ihrer Farbigkeit erinnert sie mich an eine mittelalterliche Tarotkarte, doch sind auf ihr meine persönlichen Symbole und Szenen abgebildet. Ein Mann stellt wunderschöne, kompliziert bestickte Taschen her, angefüllt mit all der Magie, von der er weiß. Er gibt mir eine. Zwei andere haben sich als Pferd verkleidet und kommen graziös auf mich zugetänzelt.

Zwei verblüffende Merkmale dieser Welt fallen mir ins Auge. Erstens legt jede Person ihre ganze Kreativität und magische Kraft in das, was sie tut. Weil sie sich alle im Zustand der Klarheit befinden und ihre Energie frei fließen kann, sind ihre Kunstwerke und ihre Ausstrahlung unglaublich machtvoll. Dann verschenkt jede Person freigiebig das, was sie hergestellt hat, ohne Zögern, die Energie und die Liebe werden dadurch nur noch größer. Es ist eine sich vollkommen selbst versorgende Gesellschaft, in der die physischen, emotionalen und psychischen Bedürfnisse nicht nur befriedigt, sondern auf großzügige, wunderbare Weise im Überfluß erfüllt werden.

Ich denke mir: »Das ist wirklich ein wunderbarer Ort. Ich muß mir merken, wie ich hierher finde, damit ich wiederkommen kann.«

Und dann merke ich, daß ich gar nicht mehr fortgehen werde. Ich bin durch das Loch in der Hecke geschlüpft, und die Welt, aus der ich gekommen bin, ist nur noch ein flüchtiger Schatten. Ich kehre nie mehr dorthin zurück.

4 Gemeinschaftliche und persönliche Mythologie

> [Von deinem Gebet gerufen] bin ich da, die Mutter der
> Natur, Herrin aller Elemente, Keimzelle der Geschlech-
> ter – Geisterfürstin, Totenkönigin, Himmelsherrin – Inbe-
> griff der Götter und Göttinnen. ... ein Wesen bin ich,
> doch in vielen Gestalten, wechselnden Bräuchen, man-
> cherlei Namen betet mich der ganze Erdkreis an.
>
> Apuleius
> *Der goldene Esel*[14]

So wie die Beschäftigung mit unseren Träumen uns dabei helfen
kann, unsere Realität im Wachzustand und im Schlaf zu verändern, kann auch eine Erforschung und Umwandlung unserer
kollektiven Mythologie und unserer eigenen, individuell erfahre-
nen Mythologien unser Selbstbild und unser Verhalten verändern.

Frauen in der Mythologie

Weitverbreitete Mythen wie Märchen und Volkssagen gehen oft
auf historische Ereignisse und Menschen zurück. Im Lauf der
Zeit kommen umfassendere Themen und Wesensmerkmale
hinzu. So gesehen sind diese Mythen eine Zusammenfassung der
Weisheit und der Werte einer Kultur. Sie gleichen Träumen, weil
sie dem kollektiven Unbewußten Nahrung geben und umgekehrt
von ihm genährt werden. Zudem kommen in ihnen jedoch auch
einer Kultur von außen auferlegte Wertsysteme zum Ausdruck.
Wenn wir uns kollektive Mythen, die durch ein jahrhundertelan-
ges Patriarchat entstellt worden sind, wieder aneignen und uns

unsere eigenen Mythen schaffen, verbindet uns das mit unserer Überlieferung, wir gewinnen unsere Kraft und Schönheit zurück.

Über die kollektive Mythologie erhalten wir eine tiefgreifende zeitlose Verbindung zum Leben der Menschen in vorpatriarchalischen Zeiten. Mythen sind nicht einfach nur schöne Kindergeschichten. Ganz dicht werden darin aktive, starke, intelligente Frauen beschrieben. Beim Lesen werden die Lebensweisen und die Werte von Menschen lebendig, die vor Tausenden von Jahren Tausende von Kilometern entfernt von uns gelebt haben. Über die Mythen erfahren wir etwas über ihr seelisches Erleben und auch über ihre Alltagsrealität. Ebenso wie bei Kunstwerken weiblicher Kultur können wir auf Mythen intuitiv und emotional reagieren, sowohl Kinder wie auch Erwachsene verstehen sie unmittelbar. Kollektive Mythen können uns einen tiefgehenden Zugang zur kollektiven und individuellen Psyche unserer Vorfahren und zu unserer eigenen vermitteln.

Mythen sind ein Ausdruck der Werte einer Kultur, deshalb beeinflussen sie gleichzeitig auch die Einstellung und das Verhalten einer Person. Da sie meist sehr einfach und schön sind und wir sie schon als Kinder hören, darin häufig von Belohnungen und Bestrafungen die Rede ist, haben Mythen großen Einfluß auf unsere Handlungen und Wertvorstellungen. So wie Mythen unsere Einstellung gleichzeitig widerspiegeln und beeinflussen, kann auch die durch Mythen beeinflußte Psychologie eines Volkes seine politische, ökonomische und gesellschaftliche Einstellung zugleich widerspiegeln und bestimmen. Die Friedfertigkeit oder Kampfbereitschaft eines Volkes, Gemeinschaftlichkeit oder Konkurrenzdenken, Sexismus oder Gleichrangigkeit, Naturverbundenheit oder Vertrauen in die Technik kommt in seiner Mythologie zum Ausdruck und wird von der Mythologie beeinflußt.

Die Urheber der Mythen haben also einen großen Einfluß auf das Leben der Menschen. Die frühesten Mythen sind wahrscheinlich von Frauen erschaffen worden, und in den frühesten uns bekannten Mythen geht es um Göttinnen:

Von den zahlreichen Mythen, die vor langer Zeit unter der Frucht-barkeitsmondsichel des Nahen Ostens entstanden sind, können anhand dreier Schöpfungsmythen stark vereinfachte Zeitperioden und Religionskonzepte umrissen und die Veränderungen verdeut-licht werden, die das Weibliche in der Mythologie und der Status der Frauen in den Gesellschaften erfahren haben. Da ist zunächst der Schöpfungsmythos der Pelasger, in dem Eurynome, die Göttin aller Dinge, sich aus dem Chaos erhebt und Meer und Himmel entstehen läßt, damit sie etwas hat, worauf sie tanzen kann. Daraufhin er-schafft sie die große Schlange Ophion, indem sie den Nordwind streichelt. Danach wird sie zu einer Taube und legt das allumfas-sende Ei ins Meer. Sie befiehlt Ophion, sich darum herum zu ringeln, und aus diesem Ei wird die gesamte Natur geboren. Später nimmt Ophion für sich in Anspruch, Schöpfer des Universums zu sein, und Eurynome verbannt ihn.

Im zweiten großen Schöpfungsmythos, dem der olympischen Reli-gion, geht es um die patriarchalische Sage von Uranus. In dieser Geschichte erhebt sich Mutter Erde im Schlaf aus dem Chaos und bringt ihren *Sohn* Uranus zur Welt. Es findet eine relativ passive Schöpfung statt. Dann schwängert er sie mit Regen, und sie bringt Pflanzen, Tiere und Vögel hervor.

Der dritte Schöpfungsmythos ist die jüdisch-christliche Version, in der ein männlicher Gott Himmel und Erde, einen Mann »nach seinem Ebenbild« und später eine Frau aus der Rippe des Mannes erschafft, und ihr nach dem Mann einen Namen gibt . . .

Wie auch immer, »am Anfang« *war* die Große Göttin – ob sie nun unter dem Namen Eurynome, Gaia, Ge, die Große Minoische Göttin oder auch in ihren verschiedenen Erscheinungsformen als Pandora, Themis, Rhea oder Kore bekannt ist. Und »Anfang« bedeutet Paläolithikum und Neolithikum, die frühesten Zeiten, über die Archäologen etwas aussagen können. Wir Frauen brauchen eine neue Mythologie, zu der wir einen Bezug haben. Das, was Frausein heute bedeutet, unterliegt einem raschen Wandel, und unsere psy-chischen, kulturellen und politischen Veränderungen drücken sich wie bei unseren Vorfahren in der Mythologie aus. Es besteht sowohl für Frauen wie auch für Männer ein großes Bedürfnis, ins »Goldene Zeitalter« zurückzukehren, ein Bedürfnis, die präpatriarchalischen Darstellungen von Frauen und neue Frauenbilder zu entdecken[15].

In diesen Schöpfungsmythen kommt die Rivalität zwischen Göt-tinnen und Göttern der griechischen und römischen Mythologie zum Ausdruck, die beim Übergang von matrifokalen zu männlich beherrschten Kulturen auftrat. Berichte über Frauen und Göttinnen der Vergangenheit sind als metaphorische und historische Aufzeichnungen weiblicher Kraft sehr wichtig. Mythen liefern uns auch Hinweise auf die Bedeutung starker, unabhängiger Frauen aus lange vergangenen, prähistorischen Zeiten. Ich konnte zum Beispiel als Kind nie verstehen, daß das Goldene Kalb deshalb zerstört wurde, weil es ein Anbetungsobjekt war. In der Kirche sah ich viele Leute vor dem Kruzifix niederknien. Nach meiner Beschäftigung mit der Mythologie ist mir jetzt klar, daß Kühe Tausende von Jahren mit Göttinnen in Verbindung gebracht wurden und daß das im Alten Testament zerstörte Kalb eines der Sinnbilder für weibliche Macht war.

Luisah Teish berichtet über ähnliche Veränderungen in afrikanischen und afro-amerikanischen Volksmärchen:

Wegen ihrer Einfachheit und ihrer Verwurzelung in Naturerscheinungen lassen sich Volksmärchen leicht abwandeln und schnell verbreiten. So wird aus dem afrikanischen Schakal der amerikanische Fuchs, und aus den Kongowäldern wird das Sumpfgebiet Louisianas. Doch diese Abwandlungen haben ihren Preis. Bei der Übersetzung in eine andere Sprache geht viel von der ursprünglichen Bedeutung verloren. Oft werden unorganische Elemente hinzugefügt. Ebenso wie auf die Menschen wirken sich Rassismus, Elitedenken und Frauenfeindlichkeit auch auf die Märchen aus.

Meine Mutter hat mir in meiner Kindheit viele klassische afro-amerikanische Märchen erzählt, immer in der ersten Person. Jede Geschichte erfüllte sie mit Leben, weil örtliche Straßennamen vorkamen, sie eine mir vertraute Sprache benutzte und unmittelbare Probleme ansprach. Meine Intelligenz wurde an meiner Fähigkeit gemessen, diese Geschichten zu entschlüsseln und ihre versteckte Weisheit auf Probleme meines Lebens anzuwenden.

Der Geschichtenerzählerin obliegt es, die Macht des Wortes als Mittel der Befreiung und als Weg für den Weltfrieden einzusetzen. Als schwarze spirituelle Feministin habe ich die Verantwortung dieses Amtes von meiner Mutter übernommen. Ich habe es mir zur Aufgabe gemacht, die afrikanischen und afro-amerikanischen Volksmärchen, die ich kenne, in der gleichen praktischen Art wie meine Mutter weiterzugeben. Ich behalte ihre Grundstruktur bei, ihren Inhalt habe ich überarbeitet und überkommene Bilder und Einstellungen durch zeitgemäße Vorstellungen ersetzt.

Andreas Rogers erzählt die Geschichte von Ode, dem Jäger, die den Ursprung der Menstruationsblutung der Frauen erklären soll:[16]

»Ode, der Jäger, lebte mit seiner Frau zusammen. Das Blut der Tiere brachte er immer zum Fuß eines Baumes, damit Olofi, die Sonne, es trinken konnte. Seine Frau fragte ihn, weshalb er ausgeblutete Tiere heimbrachte. Er sagte, sie solle sich um ihre eigenen Angelegenheiten kümmern, und sie hielt den Mund.

Eines Tages schnitt sie drei Löcher in seinen Jagdbeutel, füllte ihn mit Asche und folgte seinen Spuren. Sie versteckte sich hinter einem Busch, um zu beobachten, was er tat. Als die Sonne ihr Opferblut forderte, sah sie die Frau und sagte: ›Höre, du da drüben, wenn du Blut willst, kannst du das immer haben.‹ Und so wurde über die Frau der Fluch der Periodenblutung ausgesprochen.«

Da wir wissen, daß Volksmärchen auf Naturbeobachtungen beruhen, ist diese Geschichte eindeutig ein pervertierter Versuch, das unglaubliche Phänomen des weiblichen Blutes zu erklären. Diese Geschichte muß umgekrempelt und der natürlichen Weisheit überantwortet werden: Ode, der Jäger, brachte Blutverlust mit Tod in Verbindung. Wenn ein Tier immer weiter blutete, mußte es sterben, wenn ein *Mann* blutete, starb er ebenfalls. Doch Odes Frau blutete jeden Monat und starb *nicht*. Diese Kraft entzog sich seinem Verständnis und voller Angst und Schrecken bezeichnete er das als einen Fluch und schloß sie von seinem Ausblutungsritual, dem Ritual des Todes – der Jagd – aus. Daß Ode, der Jäger, sein Opfer der mit Männlichkeit gleichgesetzten Sonne darbrachte, macht seine Geschichte zum Gegenstück der Verehrung des Mondes, der den Zyklus der Frau und das Ritual des Lebens – die Geburt – beeinflußt.

Unsere Vorfahren erdachten diese Geschichten, um ihren Nachkommen die beste Information und Erziehung zukommen zu lassen, die ihnen zu dem Zeitpunkt der menschlichen Evolution zur Verfügung stand. Heutige Geschichtenerzählerinnen müssen das Gleiche machen, indem sie das, woran die Alten geglaubt haben, mit modernen wissenschaftlichen Tatsachen in Einklang bringen. Als Vorfahrin von morgen liegt es in meiner heiligen Verantwortung, meinen Nachkommen die Geschichten zu überliefern, die am besten die spirituellen, gesellschaftlichen und politischen Einstellungen meiner Zeit wiedergeben. Ich fordere alle Eltern (und alle, die mit Kindern zu tun haben) auf, ihren Kindern die besten Geschichten zu erzählen, die es gibt, und die Kinder ermuntere ich, für ihre Zeit Geschichten zu erfinden.[17]

Von Charlene Spretnak stammt folgende Darstellung:

Der Ursprung der Göttinnenspiritualität des hohen Paläolithikums scheint in der Macht wirklicher Frauen gelegen zu haben, was sowohl weltlich wie auch ehrfurchtgebietend war. Die Körper der Frauen bluteten im Mondrhythmus, *brachten Menschen hervor* und wandelten Nahrung in Milch für die Babys um, die sie aus ihren Körpern herauszogen. Ein weiteres Geheimnis lag darin, daß Frauen sowohl weibliche wie auch männliche Menschen hervorbringen konnten. Wir wissen nichts über die Denkweise unserer paläolithischen Vorfahren, doch wissen wir, daß lange Zeit nichts über Vaterschaft bekannt war, und es wird angenommen, daß die elementare Kraft des Weiblichen in der ursprünglichen Göttin, der Großen Mutter, ihren Ausdruck fand, die als Ursprung des Lebens verehrt wurde.

Im Verlauf der gesellschaftlichen Entwicklung wandelten sich auch die mit der Göttin verbundenen Kräfte, und sie wurde zur göttlichen Ahnfrau, zum Ursprung der Weissagung, zur Quelle göttlicher Weisheit und zur Gerechtigkeit: In späteren Zeiten der Göttinnenmythologie wurde ihre Macht unter Nebengöttinnen aufgeteilt, als die Menschen in verschiedenen geographischen Gebieten bestimmte Eigenschaften hervorzuheben begannen und ihr einen eigenen Namen gaben. Alle Göttinnen der polytheistischen Zeit gehen jedoch auf die ursprüngliche Göttin zurück.

Fast überall auf der Welt wurden Hinweise auf an Göttinnen orientierte Kulturen gefunden. In der Alten Welt, das heißt im Europa vor der ersten indoeuropäischen Eroberungswelle, die von den euroasiatischen Steppen 4500 Jahre v. Chr. ausging, waren die Kulturen spirituell orientiert, verehrten die Erde, brachten anspruchsvolle Kunstwerke hervor und scheinen in Frieden gelebt zu haben. In den vielen Siedlungsstätten des Alten Europa bis zur Invasionszeit und Bronzezeit sind keine Festungsanlagen ausgegraben worden. Auch gab es bis zum Eintreffen der Indo-Europäer, die ihr System der Stammesanführer durchsetzten, auf Gleichheit beruhende Begräbnispraktiken. Die Archäologin Marija Gimbutas hat in ihrem Buch *Goddesses and Gods of Old Europe, 6500–3500 v. Chr.*[18] eine Menge der Funde zusammengetragen.

Natürlich versucht gewöhnlich jede Gruppe von Eroberern, die in ein neues Gebiet einzieht und es unter ihre Kontrolle bringen möchte, wie die Indo-Europäer und später die katholische Kirche, einen Teil des kulturellen Gefüges, das sie vorfindet, in ihr System einzugliedern, damit die Bekehrung einfacher geht. Die indo-europäischen Invasoren Griechenlands sagten nicht: »Von nun an verbieten wir euch, je wieder eure Göttinnen zu erwähnen«. Vielmehr behielten sie die Namen der meisten prähellenischen Göttinnen bei, setzten jedoch ihre patriarchalen Götter über sie und machten aus den vormals weisen, mächtigen und mitfühlenden Göttinnen hinterhältige, streitsüchtige, perverse, unterdrückte Wesen.

Hera ist ein gutes Beispiel einer Göttin, die solcher Vereinnahmung standhielt. Sie wurde allseits verehrt und war schon lange vor der Einführung der olympischen Götter, die dem Donnergott Zeus der Invasoren zugesellt wurden, sehr wichtig gewesen. Aus der olympischen Mythologie ist sie uns jedoch nur als die Frau von Zeus bekannt, aus ihr wird eine bösartige, streitsüchtige Quertreiberin. Das ist eine radikale Wandlung, denn niemals ist sie jemandes *Ehefrau* gewesen, auch war sie nach dem ursprünglichen Mythos kein abhängiger Kleingeist. In der olympischen Mythologie verläuft ihre Ehe nie harmonisch; Hera unterwirft sich Zeus nicht wirklich. Dieser Mythos, die Geschichte der Königin eines eroberten Volkes, die sich den Eroberern jedoch nie unterordnete, hat einen historischen Bezug zum Widerstand gegen die erzwungene Verschmelzung der älteren prähellenischen Kultur mit der neuen, patriarchalischen, kriegerisch orientierten Kultur der Indo-Europäer.

Im Christentum gibt es zahlreiche Hinweise dafür, daß die Jungfrau Maria aus der Göttinnentradition hervorgegangen ist. Ihr Kind entstand durch eine jungfräuliche Geburt wie bei den anderen frühen Göttinnen auch, und wie bei den Göttinnen des Nahen Ostens wurde einmal im Jahr um ihren Sohn getrauert und er wurde später wiedergeboren.[19]

Auch im Märchen vom Aschenputtel kommt die veränderte gesellschaftliche Rolle der Frauen zum Ausdruck. Unser heutiges Aschenputtel treffen wir in der Fernsehwerbung. Wie immer sitzt sie verzweifelt in der Küche. Sie ist völlig allein, ihre ganze Energie konzentriert sich auf eine Arbeit mythischen Ausmaßes: alles in ihrer Umgebung sauber und keimfrei zu machen. Gerettet wird sie vom »Weißen Riesen«, der ohne ihr Zutun aus dem Nichts auftaucht und ihr genau das Reinigungsmittel gibt, das ihre Küche so weiß macht, wie er es ist.

Wenn wir uns zeitlich weit zurückversetzen, finden wir das Aschenputtel aus dem Märchen vor. Auch sie ist in die Küche verbannt und wünscht sich so sehr, auf den Ball zu gehen und ihren wunderschönen Märchenprinzen zu treffen, doch dieses

Mal kommen ihr Tiere oder eine gute Fee zu Hilfe. (Interessanterweise ist es in der Fassung der Gebrüder Grimm Anfang des 19. Jahrhunderts die Verehrung für ihre verstorbene Mutter, die Aschenputtel hilft. Die später eingeführte gute Fee hebt die irdische Verbindung Aschenputtels mit ihrer biologischen Mutter auf.) Von ihrer Stiefmutter und ihren Stiefschwestern wird sie drangsaliert, ihr Vater beachtet sie kaum, gerettet wird sie von einem Prinzen. In diesem Märchen wird eine männlich bestimmte Welt beschrieben, in der Frauen miteinander konkurrieren und hoffnungslos von Männern abhängig sind, wenn es um ihre materielle und psychische Sicherheit geht.

Wenn wir uns zeitlich noch weiter zurückversetzen, in die Zeit der griechischen und römischen Mythologien, dann ist Aschenputtel eine der zahlreichen Göttinnen – sagen wir Persephone, die von Hades entführt und vergewaltigt wird, einem Gottprinzen aus der Unterwelt. Ihre »gute Fee« ist ihre Mutter, Demeter, die Göttin des Erdsegens und der Fruchtbarkeit, die so lange alles Wachstum unterbindet und die Erde mit Unfruchtbarkeit schlägt, bis ihre Tochter in einer Feier für den Frühling zu ihr zurückgebracht wird. Von da an verbringt Persephone zwei Drittel des Jahres bei ihrer Mutter, ein Drittel bei Hades. Göttinnen wie Demeter sind für unterschiedliche Lebensbereiche zuständig, und zwischen den Göttinnen und den Göttern kommt es ständig zu Auseinandersetzungen. Gewöhnlich gewinnen in diesen Geschichten die Götter, doch sehen wir, wie schwer sie darum kämpfen müssen, von der weiblichen Macht Besitz zu ergreifen.

In ganz früher Zeit schließlich, in der prähistorischen, prä-patriarchalischen Periode, der frühesten Zeit menschlicher Organisationsformen, für die es Zeugnisse gibt, finden wir keine Götter, keine Helden vor, sondern nur noch die Ur-Ur-Ur-Ur-Großmutter unserer Hera aus der Küche, die Große Göttin. Sie ist die prä-hellenische mediterrane Gaia, Mawu der Fon in Dahomey, die ägyptische Himmelsgöttin Nut, die sumerische Nammu, die assyrisch-babylonische Ischtar, die finnische Jungfrau der Luft und die chinesische Kuan-Yin. Sie allein erschafft das Universum, nur sie kennt die Geheimnisse des Lebens, nur sie bringt eine harmonische Welt der Fülle hervor. In ihren Geschichten drückt sich eine Zeit aus, in der Frauen für ihre Fähigkeit, physisches und psychisches Leben hervorzubringen, verehrt wurden, und in der weder Frauen noch Männer einander unterdrückten oder sich Tiere oder die Welt unterordneten.

Beiträge zu einer neuen Mythologie

Beschäftigung mit der persönlichen Mythologie

Jede von uns hat ihre persönliche Mythologie, die die Abläufe und Themen ihres Lebens beinhaltet und klarmacht, warum sie so ist, wie sie ist. Diese Mythologie kann in Form von Geschichten, Liedern, Bildern, Gedichten, Träumen, Ritualen, Objekten oder Symbolen zum Ausdruck kommen, die eine bestimmte Bedeutung für uns haben und in denen wichtige Teile unseres Lebens zum Ausdruck kommen. Einen Teil unserer persönlichen Mythologie machen die Geschichten aus, die unsere Freunde schon mindestens einmal von uns gehört haben. Welche Form unsere persönlichen Mythen auch haben mögen, sie verbinden einander entsprechende Fäden unseres Seins miteinander und stellen in vereinheitlichter Form die im Leben entstandenen Werte und Erfahrungen dar.

Die Zeiten ändern sich schnell, und zwanzig Jahre zurückreichende Mythologien, und noch viel weniger zweitausend Jahre zurückliegende, können nicht immer eine Erklärung für unsere gegenwärtige Wirklichkeit liefern oder uns helfen, in ihr zu leben. Doch oft leben wir unsere Mythen trotz ihrer Unzulänglichkeiten aus, auch wenn unser rationaler Verstand weiß, daß unsere Welt ganz anders aussieht.

Wir leben in einer Zeit der Bewußtseinsentwicklung in jeglicher Form, in einer Zeit, in der wir *bewußt* die Mythen schaffen können, nach denen wir leben möchten. Indem wir unsere persönlichen Mythologien erkennen und neue entwickeln, können wir unser Leben und unsere Welt beeinflussen. Ein wichtiger Beitrag, um unsere Macht als Frauen zurückzugewinnen, besteht darin, die neue Frauenmythologie und uns als ihre Schöpferinnen zu erkennen. Wir brauchen eine Mythologie der Ganzheit, die eine Bereicherung für unsere Meditationen und unser Selbstbild ist. Wir brauchen neue Mythen, die von starken Frauen, von der Einheit mit der Natur und dem friedlichen Zusammenwirken der Menschen berichten. Frauen haben viel zu lange geschwiegen und sind zum Schweigen verurteilt gewesen. Unsere Stimmen sind nötig, um das Gleichgewicht wiederherzustellen. Wenn wir eine neue Mythologie erschaffen, bringen wir eine neue Welt hervor, und in einem meditativen Zustand von solcher Tiefe werden auch ganz neue Bereiche von uns geboren. Mit der Erschaffung einer neuen Welt verhelfen wir einer neuen Mythologie zum Leben.

So wie die alten Mythen ihren Ursprung in den Geschichten realer Menschen hatten, werden auch unsere Geschichten eines Tages überlieferte Mythologie sein, und Menschen in der Zukunft werden sich daraus Wissen über unsere Werte, unseren Alltag, unsere Gesellschaftsstruktur und den Zustand unserer Psyche verschaffen.

Frauen, die von der alten Mythologie so entfremdet worden sind, haben gute Aussicht, eine neue, befriedigendere Mythologie zu schaffen. Wir müssen die Geschichten von freien, starken, weisen Frauen erzählen, die ihr Leben selbst bestimmen. Bei dieser Mythologie handelt es sich um unsere *eigenen* Geschichten von unserem eigenen Leben, nicht um patriarchalische Versionen davon, wie unser Leben aussehen *sollte*. Indem wir bewußt unsere eigene Mythologie schaffen, können wir allmählich die politische und ökonomische Realität in unserer Gesellschaft verändern, ebenso auch uns selbst.

Wenn wir uns unsere Geschichten erzählen, kommen darin immer wieder Elemente vor, mit denen wir alle etwas verbinden: Geschichten von Frauen, die zu ihrer Stärke finden, ihre eigene Schönheit entdecken und in anderen Frauen bei der Wiedererlangung unserer gemeinsamen und unserer persönlichen Macht ihre Schwestern, Mütter und Töchter erkennen. Es zieht uns zueinander hin, wenn wir uns gegenseitig unsere Mythologie erzählen, denn wir erkennen uns gegenseitig in unseren Bemühungen und Freuden. Unsere Geschichten inspirieren uns selbst und andere, sie bieten uns neue Möglichkeiten des Lebens und der Kreativität. So werden wir zu unseren eigenen Vorbildern.

● Denke an bestimmte Aspekte deines Lebens und teile sie mit oder drücke sie in Worten, Liedern, Bewegungen, Bildern oder auf andere Weise aus. Das kann eine wahre Lieblingsgeschichte sein, ein dir wichtiger Mensch oder ein Gegenstand, der dir etwas bedeutet. Eine Möglichkeit, um deiner Mythologie auf die Spur zu kommen, wäre die, daß du in deiner Wohnung nach persönlichen Gegenständen Ausschau hältst, nach Kunstgegenständen, Fotografien, Büchern, Werkzeugen, Instrumenten, Kleidern, und auf die Emotionen, Geschichten oder Einfälle achtest, die auftauchen. Sie gehören zu deiner persönlichen Mythologie. Wenn sich deine persönliche Mythologie allmählich entfaltet, dann umgib dich mit ihr. Lebe sie, male sie, sing sie, zieh sie an, tanze sie. Hänge Bilder auf, die ein Ausdruck deiner eigenen inneren Bereiche sind. Hierbei läßt du deine Mythologie sowohl in dir wie auch im Kontakt mit der Welt um dich herum wachsen. Allmählich wird an die Stelle unserer alten Mythologie eine neue treten.

● Denke an ein Ereignis oder einen Bereich deines Lebens, die momentan problematisch für dich sind. Erzähle diese Geschichte, spiele sie, singe sie, zeichne sie oder setze sie auf andere Weise um. Dann beschreibe dieselbe Geschichte in Form eines Mythos, eines Märchens oder einer Volkssage. Sprich in der dritten Person über dich selbst. Vielleicht möchtest du mit den Worten anfangen: »Es war einmal...« Bleib bei dieser Objektivität, zeige aber die gleiche Einfühlung wie beim Erzählen einer Geschichte, die du gelesen oder gehört hast. Werde dir dessen bewußt, wie allgemeingültig das Thema deiner Geschichte ist. Nun erzählst du die gleiche Geschichte noch einmal, immer noch in der Mythen/Märchen/Sagenform, doch dieses

Mal zeigst du, wie die Hauptfigur (du selbst) ihre Intelligenz, Macht und/oder Liebe dazu einsetzt, um diese Geschichte so zu verändern, daß sie sich für alle Beteiligten zum besten wendet. Halte deine neue Geschichte in Worten, Bildern, Liedern oder ähnlichem fest. Suche nach Möglichkeiten, deine neuen Einsichten mit in den Alltag zu nehmen. Du kannst dir zum Beispiel vorstellen, daß du entsprechend deiner neuen Sicht anders bist, anders handelst und anders denkst.

Die weibliche Ahnenreihe

Die Künstlerin und Workshopleiterin Betsy Damon schuf diese Meditation über unsere Ahninnen. Bei der Reihe deiner Ahninnen kann es sich um deine biologischen Vorfahren oder um die Frauen handeln, die dich aufgezogen haben, und deren Vorfahren. Laß dir die Anweisungen allein oder in der Gruppe von jemandem vorlesen, nimm sie auf Tonband auf oder merke sie dir.

▶ Schließe die Augen und mache eine Entspannungsübung, zum Beispiel das Anspannen und Loslassen verschiedener Körperteile. Oder stelle dir vor, daß du durch deine Atmung Spannungen löst. Wenn du deinen Verstand und deinen Körper als klar wahrnimmst und bereit bist, dann stelle dir vor, daß du aufstehst, deinen Platz verläßt und einen Pfad entlanggehst, der zu einer Wiese führt. Nimm alle Einzelheiten deiner Wiese wahr: die Jahreszeit, die Farben, die Geräusche, die Temperatur und so weiter.
Von dieser Wiese aus trittst du eine lange Reise an. Du entdeckst deine weiblichen Vorfahren. Du kennst sie und sie warten am Rand der Wiese auf dich. Begrüße sie. Du wirst von deiner Mutter, deiner Großmutter oder einer anderen dir vertrauten Frau hochgehoben und nach hinten weitergegeben, gehalten von den Händen vieler Frauen. Diese Hände versetzen dich 50 Jahre, 100 Jahre, 200 Jahre, 500 bis 700 Jahre, 1000 Jahre, 2000 Jahre, ja

5000 Jahre zurück, bis ans Ende deiner weiblichen Ahnenreihe. Am Ende kommst du an einem Ort an, wirst abgesetzt und von einer Führerin in Empfang genommen. Sie wird den ganzen Tag bei dir sein, während du dich mit diesem Ort vertraut machst. Achte auf jede Einzelheit: wie sie aussieht, was passiert. Du kannst deiner Begleiterin Fragen stellen.

Mache dich am Ende des Tages und der Nacht für deinen Abschied bereit. Deine Begleiterin gibt dir ein Geschenk und bringt dich wieder zu deinen Ahninnen zurück. Sie heben dich hoch, und viele Hände geben dich nach vorn weiter: 5000 Jahre, 2000 Jahre, 1000 Jahre, 500 Jahre, 300, 200, 100 Jahre, 50 Jahre, bis du wieder auf der Wiese bist. Bedanke dich bei ihnen, schau dich noch einmal um und gehe den Weg zurück. Wenn du soweit bist, dann strecke deinen Körper und öffne die Augen.

Das Persönliche wird zum Gemeinsamen

Einen wichtigen Teil unserer kollektiven Kraft gewinnen wir daraus, daß wir unsere persönlichen Mythen erkennen und anderen mitteilen und so eine kollektive Frauenmythologie schaffen. Das geschieht, wenn wir merken, wie sich unsere Geschichten überschneiden, miteinander verwoben sind und zusammenfließen. Durch unsere kollektive Mythologie sind wir wie ein Netzwerk miteinander verbunden. Sie hilft uns, das Gemeinsame in unserem Dasein zu erkennen. Innerhalb dieser Geborgenheit kollektiver Mythologie hat jede von uns ihre eigenen Geschichten, ihre eigenen Symbole, Träume und Werte, so sehr sie auch denen der anderen gleichen mögen.

● Laß andere an deiner Mythologie teilhaben, indem du deine Geschichten und Träume erzählst, Bilder malst oder über die Bedeutung bestimmter Gegenstände für dich sprichst. Achte auf die Elemente, die in den Mythen der verschiedenen Frauen gleich sind. Wenn eine von euch einen Teil ihrer Mythologie im Spiel ausagieren möchte, können andere dabei bestimmte Rollen übernehmen.

Siew Hwa Beh erzählte auf einer Konferenz folgende Geschichte, die die Vorträge über Frauengeschichte und Göttinnenmythologie lebendig werden ließ:

Ich wuchs in einer Gemeinde auf der Insel Pulau Pinang (Malaysia) auf, deren Angehörige im Tempel von Kuan-Yin beteten. Die Göttin Kuan-Yin, auch als Göttin der Gnade bekannt, ist keine Mittlerin wie die Jungfrau Maria, die zwischen Gott und den Menschen steht, auch ist sie nicht Pravati, die andere Hälfte des hinduistischen Gottes Shiva. Sie ist die ursprüngliche Quelle der Energie und des Lichts im Kosmos. Bei Problemen hilft sie der Gemeinde mit Orakeln, die besonderes Gewicht haben, wenn sie von einer Priesterin der Erdgöttin gedeutet werden.

Ich wurde ihr mit zwei geweiht, nach einem Orakel, das mir das Leben rettete. Ich lag mit Lungenentzündung im Sterben. Eine kleine Kusine von mir, die gleichzeitig erkrankt war, war schon daran gestorben. Es konnte sich auch bei mir nur noch um Tage handeln. In dieser Krise wirkte die chinesische Kräutermedizin nicht schnell genug. Meine verzweifelte Mutter sagte meinem Vater, er solle die Göttin um ein Orakel bitten und ihr eine rituelle Weihe versprechen, wenn mein Leben durch ihre Weisheit gerettet würde. Nachdem die Räucherstäbe dargeboten und die Flasche Öl ausgegossen worden war, um die Flamme am Brennen zu erhalten, sprach mein Vater zur Göttin. Dann schüttelte er den Behälter mit den vielen Stäben, in die verschiedene Zeichen eingeritzt waren. Jeder nach vorn gefallene Stab wurde entweder von der Göttin angenommen oder abgewiesen, das zeigte sich, nachdem zwei Hälften eines Holzstücks geworfen wurden, die nierenförmig waren. Das Orakel, das mein Vater schließlich erhielt, besagte: »Wenn du aus dem Tempel kommst, triffst du jemanden, den du kennst. Sprich mit ihm über deine Probleme.« Mein Vater war über die vage Botschaft bestürzt, folgte jedoch dem Rat. Beim Verlassen des Tempels traf er einen Bekannten. Beim Kaffee erzählte er ihm von seinem Problem. Der Mann sagte zu meinem Vater: »Ich habe gerade eine Stelle als Assistent bei einem Arzt bekommen, der vor kurzem aus dem Westen zurückgekehrt ist. Bring deine Tochter zu ihm.« Dr. Khoo brachte mich mit Hilfe von Penizillin durch. Meine Mutter hielt Wort, und von nun an war ich die Patentochter von Kuan-Yin.

Ich durfte meine Persönlichkeit als Frau außerhalb der traditionellen Strukturen einer patriarchalischen Gesellschaft entwickeln, denn daß die Göttin mir das Leben gerettet hatte, war ein Zeichen, daß ich für einen höheren Zweck bestimmt sei. Mit meinen Eltern als

Begleiter (und nicht als Autoritäten) konnte ich mich im Vertrauen auf die Führung der Göttin weiterhin frei entfalten. Die Beziehung zwischen meinen Eltern und mir beruhte im wesentlichen darauf, meiner weiblichen Psyche zu vertrauen.

Meditation über die Entstehung der Welt

Entspanne dich ein paar Minuten lang. Stell dir vor, daß du dich auf die Reise begibst, um mit dem weisesten, ältesten Teil von dir zu sprechen. Vielleicht möchtest du dabei mit deiner inneren Ratgeberin zusammenarbeiten (siehe 2. Kapitel). Was sagt dir dieses Selbst über die Entstehung der Welt? Besteht ein Unterschied zu der Mythologie, mit der du aufgewachsen bist? Schreib deine Geschichte auf. Was sagt sie dir über deine Kraft, deine Welt zu erschaffen?

Hier ein Schöpfungsmythos der Hopi:

Am Anfang war auf der Erde nur Wasser. Zwei Göttinnen lebten in ihren Häusern auf dem Meer – eine im Osten und eine im Westen. Die Sonne bemerkte auf ihrer täglichen Reise um dieses neue Land herum, daß es keine Lebewesen gab, und machte die zwei Gottheiten darauf aufmerksam. Sie waren besorgt. Die östliche Göttin besuchte die westliche, um das Problem zu besprechen, dabei benutzte sie einen Regenbogen, der eine Brücke bildete.
Die beiden Göttinnen formten gemeinsam einen kleinen Vogel aus Ton und brachten ihn mit einer göttlichen Zauberformel zum Leben. Sie schickten den Zaunkönig in die neuerschaffene Welt hinaus, um nach Lebewesen Ausschau zu halten. Der Vogel kehrte mit der Nachricht zurück, daß es keine Lebewesen gebe, und die östliche und die westliche Göttin begannen, alle möglichen Tiere und Vögel zu erschaffen, die sie aussandten, um die Welt zu bewohnen. Schließlich entschieden sie sich, Menschen zu erschaffen. Zuerst formten sie aus Ton eine Frau und später einen Mann. Und diese Tongestalten wurden auf die gleiche Weise lebendig wie die Tiere und die Vögel vor ihnen.

Herstellung von Masken

Überall auf der Welt verwenden Menschen Masken, um verschiedene Aspekte ihrer persönlichen und ihrer kollektiven Mythologie zum Ausdruck zu bringen. Wenn eine Frau der maskierten Geheimgesellschaft der Bundu in Westafrika ihre Maske aufsetzt, wird sie zu einer mächtigen politischen und gesellschaftlichen Figur. Es heißt, daß in dieser Zeit der Geist durch sie wirksam wird, und ihr Urteil ist maßgebend. Von jeher sind Masken in heiligen Theateraufführungen oder Ritualen verwendet worden, um die wahre Natur oder den universellen Geist einer Person zu enthüllen. In einem meditativen und rituellen Prozeß kannst du eine Maske herstellen, die einen Teil deiner persönlichen Mythologie zum Ausdruck bringt, den du vielleicht normalerweise nicht zeigst.

● Zur Herstellung eines Gipsabdrucks deines Gesichts verwendest du Gipsbandagen aus einem Geschäft für medizinischen Bedarf. Schneide sie in etwa 3 × 9 cm breite Streifen.

● Zieh ein altes Hemd an und binde deine Haare nach hinten. Creme dann dein Gesicht ein, damit sich der Gips leichter löst. Lege dich auf den Rücken.

● Laß jemanden für dich die Streifen naßmachen und auf dein Gesicht legen, wobei für den Mund, die Augen und/oder die Nase Öffnungen bleiben müssen. Legt zwei oder drei Schichten übereinander und laßt den Gips 15 bis 30 Minuten lang trocknen, bis er fest genug ist, um ihn abzuheben. Was ist das für ein Gefühl, eine lebende Maske auf dem Gesicht zu haben? Ich kam mir vor wie in einem Sarg, ein überraschend beruhigendes, friedliches Gefühl.

● Nimm die Maske ab und konzentriere dich darauf, dein eigenes Gesicht wiederzuentdecken.

● Laß die Maske über Nacht oder länger trocknen. Mache in Ohrennähe Löcher und ziehe Bänder durch. Binde sie hinter den Ohren zusammen, damit die Maske nicht verrutscht.

● Meditiere darüber, wie deine Maske aussehen soll. Bemale sie, bringe Ziermünzen und getrocknete Blumen an.

112

- Tritt dir dann vor einem Spiegel entgegen.
- Tanze mit deiner Maske vor dem Gesicht.
- Trage deine Maske in der Wohnung. Was ist das für ein

Frauenmaske der Bundu, Sierra Leone, Insel Sherbro

Gefühl, den Alltagsbeschäftigungen mit einem Ritualgesicht nachzugehen?

● Triff dich mit anderen und agiert euer maskiertes Selbst aus.

Du bist die Göttin

Über Göttinnen oder die Große Göttin zu reden ist schwierig; bewußt oder unbewußt gehen wir davon aus, daß es sich dabei um »Gott« in der weiblichen Form handelt. Durch die Götter der patriarchalischen Kulturen wird die Trennung zwischen Menschlichem und Göttlichem verstärkt und vorausgesetzt, daß eine auf Macht über die Anhänger aufgebaute Beziehung besteht. Im Gegensatz dazu sind Göttinnen – wie die Erde, aus der sie hervorgegangen sind – überaus fruchtbar und nährend und schließen in ihre Umarmung alles Lebendige ein. Kulturen, in denen Göttinnen verehrt werden, sind meistens friedfertiger und gleichheitlicher als Götterkulturen.[20]

Der Begriff »Göttin« kann als Urbild oder Metapher für weibliche Energie hilfreich sein, und die Vorbilder aus Göttinnenmythen haben in der Vergangenheit und in der Gegenwart einen wichtigen Einfluß auf das Leben der Menschen gehabt. Außerdem bildet der Begriff Göttin einen Kontrast zu dem Wort »Gott« und weist auf den Sexismus in der Religion unserer Kultur hin.

Um jedoch zu einer wirklichen Ganzheit zu gelangen, müssen wir am Ende anerkennen, daß es keine Göttin über uns und die übrige Schöpfung hinaus gibt. Wir sind ein Teil des umfassenden natürlichen Ganzen. Bei unserer Entwicklung zur Ganzheit kann es hilfreich sein, sich auf eine göttliche weibliche Kraft zu beziehen, doch nur dann, wenn wir daran denken, daß das ein Schritt auf unserem Weg ist, unsere eigene Göttlichkeit als Teil der umfassenden natürlichen Welt wiederzuerlangen.

Als Beispiel hierfür kann die Beschreibung Siew Hwa Behs über die Beziehung zwischen Kuan-Yin und ihren »Anbeterinnen« und »Anbetern« dienen:

114

Die Orakel der chinesischen Göttin Kuan-Yin sind eine Orientierung für die, die Probleme haben, denn sie helfen ihnen, das, was sich nicht verändern läßt, vorauszusehen (womit schon der halbe Kampf gewonnen ist) oder es zu akzeptieren, und das zu verändern, was zu ändern ist. Die Verehrung Kuan-Yins hat nichts mit einer Gottesverehrung im westlichen Sinn mit all ihrem reaktionären und unterwürfigen Inhalt und Beiwerk zu tun. Die Struktur des Tempels ist eine sehr offene, unterhalten wird er hauptsächlich von denen, die ihn wegen Orakeln und zum Meditieren aufsuchen. Sie zahlen geringe Beträge auf freiwilliger Basis. Der Tempel ist keine Institution und nicht mit irgendwelchen Machtgruppen verbunden. Im Grunde gibt es keinen Begriff für dieses Ineinandergreifen von Verehrung, Ratsuche und psychischer Meditation. Ein Wort wie »Gottesdienst« läßt an ein Abgeben persönlicher Macht an eine Autorität und eine gegenseitige Objektivierung beider denken. Ein Kontakt mit der Göttin entspricht der buddhistischen Art einer Interaktion auf mehreren Ebenen, dem Lauschen auf ein sehr hoch entwickeltes Wesen aus uralten Zeiten oder auf eine Quelle der Energie und des Lichts. Diese Quelle steht mit dem größten Potential deiner eigenen Psyche auf dieser irdischen Ebene in Verbindung, jedoch noch näher ist sie ihr auf der Astralebene. Das heißt, daß du wirklich auf dich selbst triffst, den weisesten und ältesten Teil in dir, der sich auf wunderbare Weise als genetisches Gedächtnis in dir gebildet hat, deine eigene Göttin in der unendlichen Komplexität kosmischer transzendierender Spiralen.

• Berühre zu Beginn dieser Meditation verschiedene Körperteile und erkenne, daß die Bilder von Göttinnen nach *deinem* Bild entstanden sind. Nenne jeden Körperteil und verbinde damit Anrufungsformeln wie: »Dies sind die Brüste der Göttin, die sehr empfindsam für Berührungen sind und mich selbst und die Welt nähren«. – »Dies sind die Beine der Göttin, die mir das Laufen und Tanzen ermöglichen.« – »Dies sind die Augen der Göttin, mit denen ich deutlich alles sehen kann, was passiert.« Finde eigene Worte, um zu erspüren, wie du dich als Göttin fühlst. Wenn du mit anderen Frauen zusammen bist, dann berühre einen Körperteil der Frau zu deiner Linken und beschreib ihn wie du das bei dir selbst machen würdest: »Das ist das Haar der Göttin, das ihren Kopf umwogt wie die Wellen des Meeres«.
Wenn du bereit bist, zu einem Ende zu kommen, rufe aus:

Ich rufe die Göttinnen, deren Körper ich in meinem eigenen Körper sich widerspiegeln sehe und fühle.
Ich rufe die Göttinnen, deren Blut wie meines mit den Zyklen des Universums fließt.
Ich rufe die Göttinnen, deren Kreis niemals unterbrochen wird, deren Kreis ich angehöre, wo immer ich auch hingehe.

Deine Lektüre leben

Bücher[21], Zeitschriften, Kunstwerke, Lieder und so weiter sind ausgezeichnete Quellen weiblicher Mythologie und auch späterer patriarchalischer Versionen der Mythen. Wenn du dich für noch stärker patriarchalisch geprägte Fassungen interessierst, dann beschäftige dich mit anderen Medien unserer Kultur wie zum Beispiel Fernsehen, Kinofilmen und Werbung.

Achte darauf, inwiefern patriarchalische Mythen oft das genaue Gegenteil der Vorlage wiedergeben, wie zum Beispiel Frauen, die als die Quelle alles Lebens und aller Nahrung verehrt wurden, zur Ursache aller Schmerzen und allen Leidens gemacht werden: Beispiele dafür sind die patriarchalischen Geschichten von Pandora (was wörtlich »alle Geschenke« bedeutet) und Eva.

● Vergiß nicht, die Lücken, die die männlichen Mythen-Forscher offengelassen haben, mit deinem eigenen Wissen, deinem gesunden Menschenverstand und deiner Intuition zu füllen. Laß die Fakten und Bilder für sich selbst sprechen. Schon bald werden dir matrifokale Einflüsse auf die Kunst und Zivilisation auffallen, die du bisher nicht bemerkt hast. Achte auf Anzeichen für ältere Mythen und deutliche Beispiele für Sexismus und Frauenfeindlichkeit! Was könnte deiner Meinung nach der ursprüngliche Mythos gewesen sein? Welche Geschichten haben bei dir die meiste Resonanz? Warum? Was bewirkt das Wissen um diese Mythen bei dir? Welche Bedeutung haben diese Mythen für dich heute? Was aus der Vergangenheit würdest du gerne bewahren? Was würdest du gerne ändern?

● Wenn du geschichtliche Darstellungen liest oder Kunstwerke von Frauen früherer Zeiten und Orte siehst, versuche dir vorzustellen, daß die Autorin oder Künstlerin dich, deine Familie oder deine Freundinnen beschreibt. Wie wäre das für dich, in der beschriebenen Situation zu leben? Welche Unterschiede gäbe es zu deinem jetzigen Leben? Würdest du die Welt anders erleben? Wenn ja, wie? Wie wäre es um deine Gefühle bestellt? Um deine Gedanken? Welches Verhältnis hättest du zu deinem Körper, wie würdest du mit ihm umgehen?

● Nimm dir ab und zu ein paar Minuten Zeit, schließe deine Augen und laß Bilder, Gedanken und Emotionen in dir entstehen. Vielleicht möchtest du deine Reaktionen aufschreiben oder zeichnen. Achte auf deine Träume. Vielleicht wirkt sich das Gelesene darauf aus, besonders wenn du dich kurz vor dem Einschlafen damit beschäftigt hast. Und aus deinen Träumen erhältst du vielleicht noch mehr Informationen und Bilder.

5 Frauen als die neuen Heilerinnen

Du bist das Feuer im Mittelpunkt. . . . Du bist der blühende Baum. . . . Fühle in dir die Macht der Frau, der Mutter. Du bist die Mutter Erde selbst. . . . Benutze immer deine Intuition – du kannst ein Problem niemals auf der Ebene lösen, auf der es geboren ist. . . . Sei Herrin deines Schicksals, denn es ist unbedingt notwendig für dich, dich zu behaupten. . . . Folge dem richtigen Weg, und werde Eines. Werde eine Frau.

Agnes Whistling Elk
zu Lynn Andrews in:
Die Medizinfrau[22]

Was ist Heilen?

Im weitesten Sinn bedeutet heilen ganz machen. Die moderne westliche Medizin beruht darauf, verschiedene Körperteile unabhängig voneinander herauszugreifen und eine Diagnose zu erstellen, anstatt sie in Beziehung zueinander anzuschauen. Statt der Ursachen werden Symptome behandelt, der Körper wird mit Medikamenten, Geräten und Operationen überwältigt. Diese Medizin versucht, die Natur unter Kontrolle zu bekommen, anstatt beim Heilungsprozeß mit ihr zusammenzuarbeiten. Die Folge davon ist, daß sie oft wirkungslos bleibt oder sich zerstörerisch auf Körper und Psyche auswirkt. Unserem Körper wohnt ein starkes Bestreben nach Ganzheit und Wohlbefinden inne. Natürliches Heilen konzentriert sich (im Gegensatz zur Schulmedizin) auf dieses Bestreben zur Gesundung. Wir befinden uns immer wieder in unterschiedlichen Gesundheitszuständen, einige davon werden als »Krankheit« bezeichnet.

Für manche Menschen bedeutet Kranksein eine Möglichkeit, sich auszuruhen, Zuwendung zu bekommen oder Zeit zu haben, über ihr Leben nachzudenken. Krank zu sein ist völlig in Ordnung – und ebenso, wie wir uns krank machen können, hat jede von uns auch die Kraft, sich gesund zu machen und gesund zu bleiben. Belastende Lebensbedingungen sind zwar manchmal unvermeidbar, doch kannst du deine Gesundheit sehr stark dadurch beeinflussen, wie du auf diese Bedingungen reagierst und dein Leben und deine Einstellung dazu gestaltest.

Heilung, heil werden, ist Teil des natürlichen Körperzyklus. Wenn wir uns von unserem Körper und den Botschaften, die wir in der Meditation erhalten, leiten lassen, erlangen wir einen großen Teil unserer Heilkraft wieder. Hilfe von Freunden und professionell Heilenden können wichtige Aspekte zu unserer eigenen Heilkraft beitragen – wenn wir nie aus den Augen verlieren, daß jede von uns die maßgebliche Autorität für ihre eigene Gesundheit ist.

Natürliches Heilen ist eine Lebensweise, in die das Verständnis für den natürlichen Kreislauf fortlaufender Veränderung und Erneuerung ganzheitlich und bewußt integriert ist. Dazu gehören Kräuter und gesunde Ernährung, Meditation, Akupunktur, verschiedene Massagemethoden oder andere Behandlungsweisen, die die ganze Person einbeziehen, Verstand, Emotionen und Geist ebenso wie den Körper, – kurzum alles, was das Wohlbefinden steigert. Was wir zur Erleichterung des Energieflußes zwischen unseren Körperteilen und zwischen uns und anderen unternehmen, wirkt heilend.

Manche bringen die Energie, die wir zur Aufrechterhaltung oder Wiederherstellung unserer Gesundheit fließen lassen, mit elektromagnetischen Strömen und den Funktionen des autonomen Nervensystems in Zusammenhang. In China und Japan heißt diese Energie *Chi* oder *Ki* und gilt als Lebenskraft des Universums. Akupunktur und Kräutermedizin wirken mit ihr zusammen, und körperlich-geistige Disziplinen wie T'ai Chi und Aikido versuchen, diese Kraft zu aktivieren, die für die Gesundheit so wichtig ist. Das Zusammenwirken mit dieser Lebenskraft hat sehr stark meditativen Charakter, und die übliche Trennung zwischen Heiler und Geheiltem ist aufgehoben.

Frauen und Heilen

Den Zugang zu weiten Bereichen der Naturheilkraft haben
Frauen inne. Durch Selbstheilung eignen wir uns wieder die
Macht an, die Frauen die meiste Zeit in der Geschichte hatten. Es
ist bemerkenswert, daß Frauen in der modernen ganzheitlichen
Medizin im allgemeinen in der Mehrzahl sind, wogegen es mehr
Männer als Frauen in der Schulmedizin gibt. Die Naturheilkunde
ist Frauen leichter zugänglich und spricht viele von ihnen mehr
an.

Es ist sehr wahrscheinlich, daß in paläolithischen und neolithischen Gesellschaften die meisten Heilkundigen Frauen waren.
Frauen scheinen eine magische Verbindung mit den Lebenskräf-
ten zu unterhalten. Aus ihrem eigenen Körper konnten sie Men-
schenwesen hervorbringen und auch die Nahrung für das Neuge-
borene produzieren. Frauen lernten, mit der Natur und den
Veränderungen in ihrem Körper zusammenzuwirken.

In voragrarischen Gesellschaften waren im allgemeinen Frauen
die Ernährerinnen; durch Sammeln versorgten sie ihre Gemein-
schaften mit dem größten Teil der Nahrung. Beim Sammeln
entdeckten die Frauen auch Heilkräuter und bewußtseinsverändernde Pflanzen – und erfanden den Anbau. Sie wandten auf das
Heilwesen all das an, was sie aus ihren eigenen Erfahrungen über
die natürlichen Zyklen von Pflanzen und Jahreszeiten, Menstruation, Schwangerschaft und Kinderpflege gelernt hatten. Sie wurden Heilerinnen, weil sie wußten, wie sie *mit* der Natur zusammenarbeiten konnten. Sie lernten, physische und psychische
Kräfte zu aktivieren.

Die weibliche Macht als Heilerinnen wie auch in allen anderen
Lebensbereichen schwand, als das Patriarchat an Einfluß gewann. In ihrem Buch *Hexen, Hebammen und Krankenschwestern*[23] verfolgen Barbara Ehrenreich und Deidre English über
Jahrhunderte hinweg den Rückgang von Naturheilpraktiken in
der westlichen Welt, als der im Aufstieg begriffene Mediziner-
stand – christlich und männlich bestimmt – sich anschickte, seine

Konkurrentinnen und die »heidnischen« Kulturreligionen auszu-
löschen, mit denen Naturheilkunde verbunden war. Massenhaft
wurden Heilkundige als Hexen verbrannt, die meisten von ihnen
waren Frauen.[24]

Frauen haben auch weiterhin als Pflanzenkundige, psychische
Heilerinnen und Hebammen gearbeitet, doch wurden sie verfolgt
und verunglimpft. Die Beschäftigten im Gesundheitswesen sind
in der Mehrzahl Frauen, meist in Stellungen mit wenig Einfluß,
als Krankenschwestern, Hilfsschwestern und Krankenhausper-
sonal. Gleichzeitig werden wir über unseren Körper durch sexi-
stische gynäkologische »Betreuung«, Werbung und männliche
Gewalttätigkeit unterdrückt.

Es ist daher nicht verwunderlich, daß die Gesundheitsbetreuung
von Frauen einer der ersten Bereiche war, dessen sich die
Frauenbewegung angenommen hat! Feministinnen richteten Ge-
sundheitszentren ein, kämpften für das Recht auf Abtreibung und
begannen, Naturheilmethoden zu erforschen und zu praktizieren,
indem sie überliefertes Wissen mit dem verbanden, was uns aus
der modernen Medizin nützt und auf diese Weise neue Heiltech-
niken schufen.

Wenn wir uns unsere Kraft zum Heilen wieder aneignen, gewinnen wir damit in allen Lebensbereichen Macht zurück. Wir
bestimmen damit wieder selbst über unser Leben und unseren
Körper. Wir behaupten unser Recht auf Ganzheit und Gesundheit – sowohl psychisch wie auch physisch. Das bedeutet auch,
daß wir viel Geld und Macht von der medizinischen Industrie
zurückfordern. In diesem Prozeß sammeln wir umfassenderes,
fundiertes Wissen.

Ich selbst erlebte diesen Wandel im Jahre 1973, als ich mich
selbst von Zervixdysplasie, einem »Vorstadium« von Krebs, und
von Amenorrhö (Ausbleiben der Regel) heilte. Zutiefst erschrok-
ken war ich zur Selbstheilung entschlossen, obwohl ich keinerlei
Erfahrung damit hatte und auch niemanden kannte. Ich setzte die
wenigen Mittel ein, die ich damals kannte: Ich machte ein
Yogaseminar, das hieß 10 Tage fasten, schweigen, Yogaübun-
gen und Meditation, denn ich spürte, daß drastische Maßnahmen

notwendig waren, um wieder in Kontakt mit meinem Körper zu kommen. Im Alltag lebte ich von Vollwertkost und trank Kräutertee. Auch ging ich einmal zu einer Heilerin, die die uralte Technik des Handauflegens anwandte. Innerhalb von zwei Monaten war die Dysplasie verschwunden, und zum ersten Mal nach eineinhalb Jahren hatte ich wieder meine Regel.

Mein Frauenarzt war schockiert und machte sich über meine Methoden lustig. Das war mir egal – ich war weder dem Tod geweiht noch stand mir in zehn Jahren eine Entfernung der Gebärmutter bevor, wie mein Arzt angedeutet hatte, sondern ich hatte mich geheilt! Was ich über Naturheilverfahren und die Kraft der Frauen zur Rückeroberung ihres Körpers lehrte, bewahrheitete sich! Später traf ich viele Frauen mit einer ähnlichen Geschichte. Wir alle hatten das Gefühl, daß unsere Selbstheilung ein Wendepunkt in unserem Leben gewesen war, und daß die Stärke, die wir dadurch erfahren haben, ebenso wichtig war wie die Heilung selbst.

Heilen mit den Händen

Wichtig für meine Selbstheilung war die Heilkraft der Hände. Handauflegen oder »Körperarbeit« gibt es in vielen Formen, dazu gehören Shiatsu, Massage, Polarity-Therapie und Akupressur. Alle Körperarbeit geht davon aus, daß Körper, Geist und Gefühle durch eine einzige Energie miteinander in Beziehung stehen. Frauen sind eher zu Körperberührungen ermuntert worden, sehr viel mehr als Männer, und es gibt weit mehr Frauen, die diese Heilmethode anwenden.

Wir können lernen, diese Energie in unserem eigenen Körper und bei anderen zu spüren und den Energiefluß so zu leiten, daß wir uns körperlich und psychisch dadurch heilen können. Der Weg dieses Energieflusses entspricht manchmal den Muskelsträngen, Nervenbahnen und Knochen. Blockierungen werden durch körperliche, geistige und seelische Leiden ausgelöst und bewirken ihrerseits diese Schmerzen. Durch Druck auf bestimmte, besonders sensible Punkte der Energiebahnen können wir die blockierte Energie in Fluß bringen oder zu Orten lenken, wo sie nicht fließt. Der Energiefluß kann manchmal unmittelbar als Entspannung, Prickeln oder innerer Friede wahrgenommen werden und auf lange Sicht Krankheiten heilen oder ihnen vorbeugen.

Handauflegen ist ein wichtiger Bestandteil weiblicher Spiritualität. Wenn wir mit Berührung arbeiten, wobei der Tastsinn übrigens einer der am wenigsten entwickelten Sinne ist, dann entdecken wir wieder die Nähe zwischen unserem Körper und unserem Geist. Wir erfahren und bewirken unmittelbar etwas »Heiliges« – *Heiles*, im wahrsten Sinne des Wortes.

Meine erste Erfahrung mit dem Heilen machte ich mit einer Frau aus meiner Frauengruppe. Sie hatte schon mehrere Monate lang versuchsweise eine Spirale, und am Tag zuvor hatte sie heftige Blutungen bekommen. Sie war so schwach, daß sie von der Arbeit heimgegangen war. Ich wußte nicht, ob ich ihr helfen konnte. Vor kurzem hatte ich in einem Workshop über Polarity-Therapie gelernt, wie ich durch tiefen, sanften Druck meiner Hände Regelschmerzen lösen konnte. Also übte ich Druck auf die entsprechenden Punkte im Rhythmus mit ihrem Atemfluß aus, hin und wieder sagte ich ihr, sie solle ihre Atmung zu den Punkten schicken, auf die ich drückte. Am nächsten Morgen hatten die Blutungen fast aufgehört, und ich behandelte sie noch einmal eine Stunde lang. Bald darauf hörten die Blutungen ganz auf. Das war überraschend und auch ein wenig unheimlich für mich. Aber hatte ich diese Techniken nicht schließlich deshalb gelernt, um mich selbst und andere damit zu heilen?

Einige Monate darauf ließ sich meine Mitbewohnerin die Spirale herausnehmen. Sie bekam heftige Blutungen mit Gerinnseln in Fingergröße. Das hielt 24 Stunden lang an. Da versuchte ich es bei ihr mit der gleichen Verbindung von Atemwahrnehmung und punktuellem Druck. Auch dieses Mal hörten die Blutungen auf, und zwar sofort.

Ich wußte, daß der Energieaustausch zwischen den Frauen und mir wesentlich war. Dies bestätigte mich darin, selbst etwas für sie zu tun anstatt ihnen nur mein Mitgefühl zu zeigen oder sie in die Klinik zu fahren. Und vor allem wirkte es auch! Mir wurde klar, daß ich ein machtvolles Werkzeug entdeckt hatte, das aber auch mit großer Verantwortung verbunden war. Ich wußte, daß andere ihre Fähigkeiten zum Heilen ebenso leicht entdecken konnten, wie ich.

Im Laufe dieser Körperarbeit mit anderen geriet ich oft in einen sehr angenehmen und manchmal intensiven meditativen Zustand, wie ich ihn zuvor noch nie erlebt hatte. Ich nahm meinen Körper als Energiefluß wahr, spürte die Atome herumwirbeln, meine Organe arbeiten und mein Blut fließen. In meinem Körper sah ich all das widergespiegelt, was im ganzen Universum vor sich ging. Es wurde deutlich, daß diese Art von Körperarbeit als unser Mittel zur Selbstheilung nicht nur politische Tragweite hatte, sondern auch eine sehr »spirituelle« Erfahrung war. Die Grenzen zwischen dem »Spirituellen« und dem »Politischen« verwischten sich für mich allmählich.

Körperbehandlungen zu geben und zu empfangen gehört zu meinem Leben – ich sorge so für mein eigenes körperliches und seelisches Wohlbefinden, kann andere heilen, verbringe dadurch sehr intensive Zeit mit anderen und spüre sehr viel Wohlbehagen dabei. Diese Erfahrung vertieft und intensiviert sich in einer Gruppe noch und auch dann, wenn zwischen mir und der oder den anderen eine enge Beziehung besteht. Jede Meditation, jedes Ritual, jedes Treffen, jeder Kurs verlaufen besser und bekommen mehr Sinn, wenn wir sie mit Körperarbeit verbinden. Wenn wir unsere körperlichen Kanäle für unsere geistigen und emotionalen Erfahrungen öffnen und unser ganzes Sein davon durchströmen lassen, wird jede Zelle davon erfaßt.

Energiemeditation

Diese Meditation hilft, die Energie zu spüren und in die Hände zu leiten. Du kannst sie auch mit jemandem zusammen machen, wobei ihr euch abwechselnd durch die Übung geleitet.

Nimm dir Zeit und such dir einen Ort, wo du mindestens eine halbe Stunde lang ungestört bist. Deine Kleidung sollte sehr bequem sein. Setze dich im Schneidersitz auf den Boden oder auf einen Stuhl, wobei deine Füße den Boden berühren. Spüre, was in deinem Körper vorgeht. Beweg dich immer wieder, bis du eine gut ausbalancierte Haltung gefunden hast. Die »beste« Haltung ist die, in der du dich am wohlsten fühlst. Wenn du angespannt bist oder dich unbequem fühlst, hemmt das deine Energie.

● Reibe mehrere Sekunden lang deine Hände ganz schnell aneinander und spüre, wie sie sich anfühlen. Dann hebst du sie mit einander zugewandten Handflächen im Abstand von ein paar Zentimetern in Bauchhöhe. Schließ deine Augen und achte darauf, wo du hinatmest und wie sich das anfühlt. Ändere nichts daran, beobachte es einfach nur. Wenn sich dein Atem verändern möchte, laß es zu.

● Stelle dir dann vor, daß du beim Ausatmen die Luft über deine Schultern die Arme hinunterschickst und daß sie durch eine Öffnung in jeder Handfläche hinausfließt. Wie wäre das, wenn du deinen Atem wirklich durch deine Arme und Hände schicken könntest? Was spürst du?

● Wenn du das ein paar Minuten lang gemacht hast, kannst du ein wenig mit dem Gefühl zwischen deinen Händen spielen. Du kannst im Atemrhythmus deine Hände weiter voneinander entfernen und wieder zusammenbringen. Wenn du spürst, daß sie in der Luft eine Form bilden möchten, dann laß sie.

● Berühre mit deinen Händen dein Gesicht, deinen Nacken, deine Arme, deinen Rumpf, deine Beine – wobei du die ganze Zeit die Energie und das Leben in dir spürst. Wenn ein bestimmter Teil deines Körpers besondere Zuwendung braucht, verweile dort ein bißchen länger mit deinen Händen, spüre, wie dein Atem über deine Hände Energie aufnimmt und abgibt. Denk daran, daß Heilen »ganz machen« bedeutet.

● Gehe zu einer Pflanze oder einem Tier und bewege ganz langsam deine Hände darauf zu, spüre die Energie. Abschließend massierst du dir die Füße. Die Füße befinden sich in einem

Energieaustausch mit der Erde. Spüre eine Zeitlang nach, wie du dich jetzt fühlst und laß die Energie in dir wirken.

Ich fühle mich nach dieser Meditation immer sehr belebt. Hunger, Unruhe, Spannungen und Erschöpfung können vergehen.

Allgemeine Hinweise

Wenn du lernst, die Energie im Körper einer anderen Person zu spüren, kannst du ihre Energie mit deiner verbinden und diese verbundene Energie durch ihren Körper leiten, so daß sich eure Energien ausgleichen und besser verteilen.

Hier einige wichtige Punkte, die du berücksichtigen solltest, wenn du am Körper von anderen arbeitest:

● Achte zunächst darauf, daß du dich wohlfühlst. Vielleicht bist du befangen, wenn du das zum ersten Mal machst, höre aber auf jeden Fall auf, wenn es dir zuviel wird. Wenn du angespannt bist, entweder körperlich (weil du nicht bequem sitzt oder zuwenig Platz hast) oder geistig (weil du dich zu sehr anstrengst, es »richtig« zu machen), dann fließt deine Energie nicht so gut, und du kannst nicht so wohltuend wirken oder hast selbst auch nicht viel davon. Gehe nicht über deine Grenzen. Jahrhundertelang waren Frauen die Gebenden. Manchmal wissen wir nicht, wie wir damit aufhören oder wie wir auch empfangen können. Jemanden heilen zu wollen, wenn du erschöpft, geschwächt, verärgert bist oder gemischte Gefühle hinsichtlich der Körperarbeit hast (egal aus welchem Grund) ist für keinen von euch gut. Wenn es dir jedoch gut geht oder du nur etwas müde oder zerstreut bist, kann die Behandlung einer anderen Person dich beleben und in deine Mitte bringen.

● Erspüre mit sehr viel Einfühlungsvermögen die Energie in deinem Körper und deinen Händen und im Körper der anderen, um zu beurteilen, ob leichter oder starker Druck angebracht ist, wann du allmählich den Druck stärker oder schwächer werden läßt, zu einer anderen Stelle übergehst und die Behandlung abschließt. Die Berührung soll Kontakt und Entspannung bewirken (was als »guter« Schmerz empfunden werden kann), jedoch nicht dazu führen, daß die Behandelte sich verspannt (»schlechter« Schmerz). Achte auf Atmung und Körperveränderungen deiner Partnerin. Verlaß dich, was die Dauer des Kontakts angeht, auf dein Zeitgefühl. Es gibt einen Punkt, an dem sich bei jemandem alles gelöst hat, was sich in dieser Behandlung lösen konnte. Weitermachen würde nichts bringen oder anstrengend für euch beide sein. Unterschiedliche Menschen und Situationen erfordern unterschiedliche Vorgehensweisen. Manchmal hast du vielleicht das Gefühl, daß es das Richtige ist, einfach eine halbe Stunde lang den Kopf der anderen zu halten.

● Benutze beide Hände, auch wenn eine Hand nur leicht auf dem Körper der anderen ruht. Das erhält den Energiefluß zwischen euch beiden aufrecht.

● Im allgemeinen solltest du dich immer nur mit einem Punkt beschäftigen. Wenn du an mehreren Punkten gleichzeitig Druck ausübst, dann ist das für die Behandelte meist zuviel, um darauf reagieren zu können. Es gibt ein paar Ausnahmen – zum Beispiel, wenn du am Kopf arbeitest oder die Energie zwischen zwei Punkten fließen läßt.

● Sprich sowohl während wie nach der Körperarbeit mit deiner Partnerin. Frage sie, wie sich die verschiedenen Punkte anfühlen, ob sie stärkeren oder schwächeren Druck möchte. Bitte sie darum, alles mitzuteilen, was sie möchte, auch wenn du nicht fragst. Sage ihr, was du spürst. Du kannst dich ganz ruhig verhalten oder beim Ausatmen Töne kommen lassen.

● Körperarbeit kann Emotionen und Bilder freisetzen, in denen langvergessene Gedankenverbindungen im Zusammenhang mit dem Körperteil, der gerade behandelt wird, zum Ausdruck kommen. Wenn das unangenehme Erinnerungen sind, laßt sie hochkommen und sprecht darüber. Auf positiven Erinnerungen könnt ihr aufbauen und sie ausbauen. Ihr braucht nicht die ganze Zeit miteinander zu reden, doch wenn ihr euch während der Behandlung immer wieder verständigt, hilft euch das, bei der Sache zu bleiben.

● Wenn sich deine Partnerin nach der Behandlung etwas ausgeruht hat, frage sie, wie es ihr geht. Fordere sie dann auf, umherzugehen und den Boden unter ihren Füßen zu spüren. Frage sie, ob sie jetzt anders geht, ob die Dinge noch genauso aussehen wie vorher und in welchem Zustand sie sich befindet.

● »Erdet« die Energie, laßt sie in den Boden fließen. Da deine Energie mit der einer anderen Person zusammengeflossen ist, ist es wichtig, daß du nach Abschluß der Behandlung für eine klare Trennung zwischen euch beiden sorgst. Das kannst du während der Behandlung machen, indem du die Energie wie Wasser durch einen Kanal durch dich fließen läßt. Wenn es nach der Arbeit mit deiner Partnerin nötig ist, kannst du auch die Erde mit deinen Händen berühren, um die überschüssige Energie abfließen zu lassen, oder die Hände unter Wasser halten. Oder vergegenwärtige dir im Geist drei Dinge, die bei dir anders sind (z. B. hat sie rote Haare, deine sind schwarz usw.).

● Beschäftige dich mit dem Ergebnis. Manche Menschen fühlen sich zunächst einmal schlecht, bevor es ihnen besser geht. Das Entladen gestauter Energie und angesammelter Gifte ist notwendiger Bestandteil des Heilungsvorgangs. Wenn es deiner Partnerin nicht besser, sondern sogar schlechter geht, dann frage nach dem Grund. Braucht sie eine längere Behandlung? Hat sie sich gesperrt? Warst du zu müde, desinteressiert oder hast du keinen Kontakt zu ihr bekommen? Braucht sie zusätzliche Maßnahmen? Natürliche Heilung beruht auf einem ganzheitlichen Ansatz und schließt viele Formen der Heilung ein. Manchmal sind Akupunktur oder westliche Behandlungsmethoden in einer bestimmten Lebenssituation das Beste. Überlege bei schwierigen Situationen, ob zusätzlich zu deiner Behandlung noch andere Behandlungsformen eingeführt werden sollten.

● Übe! Lerne von anderen, lerne aus eigener Erfahrung und Intuition und lerne aus »Irrtümern«. Je mehr du dich damit beschäftigst, umso mehr findest du heraus. Die Techniken, die du von anderen gelernt hast, wirst du mit der Zeit deinen eigenen Bedürfnissen und den Bedürfnissen derer, die du behandelst, anpassen. Vergiß nicht, daß du selbst die Verantwortung dafür trägst, daß die von dir freigesetzte Energie durch dich fließen kann. In dem Maß, wie du deine Arbeit anerkennst, wirst du von dir selbst lernen.

Der Kreis zwischen Kopf und Bauch

Diese Übung hilft dir, die Energie von anderen zu spüren. Außerdem ist sie eine sehr einfache und wirkungsvolle Möglichkeit, zu Beginn oder am Ende einer Behandlung die Energie zwischen zwei Menschen auszugleichen. Du kannst sie auch an dir selber machen.

Für beide Partner: Findet einen Ort, wo ihr mindestens eine halbe Stunde lang ungestört seid. Diese Zeit reicht aus, um euch gegenseitig zu behandeln und einen Teil der Energie bis zum Ende der Behandlung zwischen euch auszugleichen. Tragt lockere, bequeme Kleidung. Eine von euch legt sich auf den Rücken, die andere sitzt so auf ihrer Seite, daß sie bequem ihre Stirn und ihren Bauch erreichen kann.

Für die Liegende: Lieg bequem mit geöffneten Armen und Beinen am Boden, damit dein Körper locker und nirgends beengt ist. Wenn dein Rücken weh tut, kannst du die Beine aufstellen oder ein Kissen unter die Knie legen. Hast du das Gefühl, daß du an manchen Stellen mehr Kontakt zum Boden hast als an anderen? Wo in deinem Körper spürst du deine Atmung? Wie schnell geht sie? Versuche nicht, deinen Atem zu beeinflussen, laß ihn seinen eigenen Rhythmus finden. Nachdem du wahrgenommen hast, wie du daliegst, sei einfach da und achte auf alle Veränderungen, die du spürst.

Für die Sitzende: Setz dich bequem hin, damit du deine Freundin mühelos erreichen kannst. Bring deine Handflächen in Bauchhöhe zusammen, ohne daß sie sich berühren. Laß ein paar Zentimeter Abstand dazwischen. Schließ die Augen und spüre, wie sich deine Hände anfühlen. Stelle dir wie bei der »Energiemeditation« vor, daß du beim Ausatmen deinen Atem über deine Schultern und Arme schickst, so daß die Luft aus einer Öffnung in der Mitte jeder Handfläche ausströmt. Was für Empfindungen sind das? Wenn du das einige Minuten lang gemacht hast, dann spiel mit dem, was du zwischen deinen Handflächen spürst. Führe deine Handflächen beim Einatmen beziehungsweise beim Ausatmen näher zusammen und wieder auseinander. Spüre mit deinen Händen den Konturen der Energie nach. Bewege deine Hände daran entlang.

● Wenn du soweit bist, dann lege sanft eine Hand auf die Stirn deiner Partnerin, die andere auf ihren Bauch. Stell dir weiterhin vor, daß dein Atem und deine Energie durch deine Arme fließen, doch spüre jetzt, daß du beim Ausatmen deine Atemenergie den Arm hinunterfließen läßt, der mit dem Bauch deiner Partnerin verbunden ist, sie aus der Hand hinaus und in ihren Bauch strömen läßt. Deine Energie verbindet sich mit ihrer und löst Blockaden. Die Atemenergie fließt durch ihren Rumpf die Wirbelsäule hinauf und durch ihren Hals und ihren Kopf in deine andere Hand, wo du sie beim Einatmen aufnimmst. Dann fließt sie diesen Arm hinauf und über die Schultern den anderen Arm hinunter, wo du sie über die Hand wieder in den Bauch deiner Partnerin ausatmest – und so immer weiter in einem ununterbrochenen Energiekreislauf.

● Tauchen bei dir Emotionen, Farben, Bilder, Erinnerungen oder körperliche Empfindungen auf? Frage deine Freundin nach ihren Reaktionen.

● Erhalte diesen Atemenergiekreislauf aufrecht, bis du das Gefühl hast, daß er ausgeglichen ist oder solange du dich wohl dabei fühlst. Wenn du das Gefühl hast, daß deine Partnerin auch an anderen Körperteilen berührt werden möchte, dann tu das. Denke die ganze Zeit an die fließende Energie. Achte darauf, daß du nicht zuviel machst und ihr müde werdet. Zum Abschluß berührst du eine Minute lang ihren Kopf und ihren Bauch und sprichst ein Gebet, einen Vorsatz oder einen Wunsch für euch beide aus.

● Wenn ihr fertig seid und du spürst, daß du selbst an einigen Körperteilen Energie brauchst, dann berühre dich dort auch und gib dir selbst Energie zurück.

● Für euch beide: Wie geht es euch jetzt im Vergleich zum Anfang? Wie fühlt ihr euren Körper? Wie geht es euch emotional? Was denkt ihr? Wie ist die Energie im Raum? Obwohl das eine sehr einfache Übung ist, reagieren die meisten sehr intensiv darauf. Wenn ihr bereit seid, dann teilt euch gegenseitig eure Erfahrungen mit, wechselt die Plätze und macht die ganze Übung noch einmal.

Auf mich wirkt der Kreis zwischen Bauch und Kopf äußerst beruhigend und stärkend, ganz gleich, ob ich behandle oder behandelt werde. Alles, was mir im Kopf herumgegangen ist, fällt von mir ab, auch lösen sich Blockaden in meinen Körperströmen und Muskeln. Die Behandlung beginnt auf »physischer« Ebene; doch bald macht mein Verstand, mein gesamter Zustand eine radikale Veränderung durch. Bilder, Emotionen, Erinnerungen, Träume, Vorstellungen und Erkenntnisse steigen an die Oberfläche meines Bewußtseins. Ich befinde mich im Gleichgewicht, meinem Ursprung ganz nahe. Hier die Reaktionen einiger anderer Frauen:

Zuerst fühlten sich deine Hände ganz kalt an, doch dann wurden sie angenehm warm. Ich konnte richtig spüren, wie die Energie meine Wirbelsäule hinauf in den Kopf schoß. Das habe ich noch nie erlebt.

Ich habe den ganzen Tag über Menstruationsschmerzen gehabt, doch deine Hand lag so sanft auf meinem Bauch, daß ich sie jetzt kaum noch spüre.

Ich fühle mich großartig, nachdem ich dich behandelt habe! Als ich kam, war ich wirklich müde. Es ist, als hättest du mir Energie *gegeben*.

● Du kannst Energie auch zwischen anderen Körperteilen fließen lassen. Deine Partnerin legt sich hin, entspannt sich und atmet ein paarmal ruhig und intensiv. Berühre zwei Körperstellen, wo sich Knochen abheben. Achte besonders auf Gelenke – in den Armen und Beinen, im Rückgrat und im Becken. Hier fließt die Energie am leichtesten. Laß deinen Atem und deine Energie zwischen diesen beiden Stellen wie beim Kreis zwischen Kopf und Bauch fließen. Lege deine Hände auch an anderen Stellen auf oder nimm sie ganz weg, so wie dir deine Intuition das eingibt.

Nachdem du und deine Partnerin sich durch eine Übung, z. B. dem »Kreis zwischen Kopf und Bauch«, eingestimmt haben, könnt ihr euch besonderen Punkten zuwenden, etwa denen im Gesäß, die besonders gut gegen Blockaden oder Spannungen im Becken wie Kreuzschmerzen und Menstruationskrämpfen sind.

● Eine von euch legt sich auf den Rücken, den Bauch oder die Seite. Die andere sitzt auf der Seite, von der sie mühelos das Gesäß ihrer Freundin erreicht.

● Für die Sitzende: Im Gesäß gibt es viele empfindliche Punkte, besonders große Wirkung erzielst du an einem Punkt in der unteren Mitte. Um ihn zu finden, übst du entweder bei dir selbst oder bei deiner Freundin dort Druck aus. Am Anfang mußt du vielleicht ziemlich fest drücken, wenn du ihn aber gefunden hast, reicht Berührungskontakt aus. Lege deine andere Hand auf die Hüfte oder das Steißbein deiner Freundin. Drück auf diesen Punkt bis du spürst, wie sich etwas löst, sich ihre Atmung verändert, du Energie fließen oder intuitiv spürst, daß du jetzt besser zu einer anderen Stelle gehst. Finde andere empfindsame Punkte im Gesäß. Vergiß auch die Seiten nicht.

● Übe sanften Druck auf empfindsame Punkte in Knochennähe aus, zum Beispiel am Kreuz, Steißbein, den Hüften oder der Lendenwirbelsäule. Achte darauf, daß du auf Knochen keinen Druck nach innen (zum Körpermittelpunkt hin) ausübst.

● Beende die Behandlung mit dem »Kreis zwischen Kopf und Bauch«.

Heilen in der Gruppe

Wenn ihr Heilkraft in der Gruppe einsetzt, hat dies stark meditativen Charakter und schafft ein intensives Gemeinschaftsgefühl. Die Behandelte spürt die Aufmerksamkeit der ganzen Gruppe, und da die Energie im Kreis fließt, spüren alle die Heilkraft. Heilmeditationen in Gruppen sind besonders für Frauen so wichtig, weil es uns meistens besonders schwerfällt, Aufmerksamkeit zu empfangen. Sehr deutlich macht das eine Frau, die Krebs hatte und zu einer meiner Gruppen kam. Ihre Freundin hatte für sie ein Heilungsritual zelebriert, das sie der Gruppe beschrieb. Am lebhaftesten ist mir ihr Gesang in Erinnerung: »Wenn wir dir geben, wirst du es annehmen?«

Die Energie lenken

Eine von euch liegt auf dem Rücken in der Mitte des Kreises, Arme und Beine sind neben dem Körper. Die anderen versammeln sich um sie, jede berührt eine Stelle ihres Körpers, die der Aufmerksamkeit bedarf.

● Für die Liegende: Laß deinen Körper in die Unterlage sinken. Spüre jeden Teil deines Körpers, deinen Rücken, deine Beine, Arme, den Kopf. Schicke deinen Atem dorthin. Frage dich, ob du bereit bist, diese Energie von deinen Freundinnen zu empfangen. Wenn du befangen bist oder andere spontane Reaktionen spürst, sprich sie aus. Dann löst du dich aus deiner Befangenheit.

● Für den Kreis: Schließt die Augen und kommt in Kontakt mit eurer eigenen Atemenergie und eurer Ruhe. Empfindet euch als Teil des Kreises und Teil der Frau, die ihr berührt. Leitet eure Atemenergie durch eure Hände, so daß sie durch die, die ihr berührt, über den Kreis durch alle anderen und wieder zu euch zurückfließt. Stellt euch bildlich vor, spürt und wißt, daß ihr mit jedem Atemzug zur Heilung der Frau in der Mitte des Kreises beitragt und daß sie sich selbst heilt. Stellt euch vor, daß mit jedem Herzschlag euer Körper von alten Zellen gereinigt wird und neue gesunde Zellen entstehen. Stellt euch das frische Blut vor, von dem sie durchströmt wird. Je mehr fließt, um so mehr alte Zellen sterben ab und neue entstehen. Stellt euch vor, daß alle Abfallstoffe hinausgeschwemmt werden. Bekräftigt euch selbst, daß ihr alle und sie frische, starke gesunde Körper habt und daß ihr und sie weiterhin gesund sein werdet.

● Manchmal habt ihr vielleicht das Gefühl, daß die Energie sich anstaut, und ihr möchtet sie wegwischen oder abschütteln. Bewegt einfach ganz leicht eure Hände über der Behandelten oder laßt sie los und schüttelt eure Hände aus.

● Seid aufmerksam für die Gruppenenergie. Wenn ihr zum Ende kommen möchtet, führt eure Hände über die in der Mitte Liegende, entweder indem ihr leicht über sie streicht oder eure Hände über ihr in der Luft bewegt. Wenn ihr genug seid (viele sind nicht nötig), könnt ihr die Person, die ihr heilt, hochheben. Schiebt sanft eure Hände unter sie. Achtet darauf, daß eine ihren Kopf hält. Haltet sie so eine Zeitlang. Dann hebt sie langsam hoch, wenn ihr könnt, über eure Schultern. Wenn ihr sie hochgehoben habt, dann wiegt sie sanft hin und her. Ihr könnt ihren Namen oder ein Lied singen. Dann laßt sie ganz allmählich wieder auf den Boden hinunter. Führt eure Hände über ihr entlang und haltet zum Abschluß eine Zeitlang ihre Füße.

Fernheilung

Hier eine Abwandlung des »Energiekreises« und der Übung »Die Energie lenken«, bei der eine im Kreis Anwesende geheilt wird.

● Einigt euch auf eine Person, die nicht anwesend ist und der ihr heilende Energie schicken möchtet. Sagt ihren Namen und beschreibt sie. Wenn jemand diese Heilung verbal leiten soll, dann einigt euch auf eine Person.

● Setzt euch im Kreis zusammen und haltet euch bei den Händen. Laßt eure Atemenergie wie zuvor beschrieben im Kreis herumgehen. Lenkt eure Aufmerksamkeit auf die, die die Energie empfangen soll. Stellt euch vor, daß die Energie aus dem Kreis direkt zu ihr fließt. Stellt euch bildlich vor, spürt und wißt, daß ihr mit jedem Atemzug dabei helft, die Abwesende zu heilen, und daß sie sich selbst heilt. Stellt euch vor, wie ihre Zellen, ihr

Blut und ihr Atem gereinigt und neu belebt werden. Spürt, wie die Heilenergie in den Kreis und in euch zurückfließt, so daß allen heilende Energie zukommt.

● Wenn ihr bereit seid, das abzuschließen, dann zieht eure Energie allmählich wieder von der Person ab, der ihr sie gesandt habt, indem ihr eure Aufmerksamkeit wieder auf den Ort richtet, an dem ihr sitzt, in den Kreis und auf euch selbst. Konzentriert euch auf den Atem in eurem Bauch oder denkt an drei Dinge, die euch von der Frau, der ihr die Energie gesandt habt, unterscheidet (z. B. seid ihr 40, sie ist 23 usw.). Richtet allmählich eure Aufmerksamkeit auf die Energie im Kreis und nehmt euren eigenen Körper wahr. Spürt, wie euer Blut durch euren Körper fließt, alte Zellen wegschwemmt und neue entstehen läßt. Sagt euch selbst, daß ihr in Seele, Körper und Geist gesund seid. Spürt eure gesamte Energie. Wenn ihr bereit seid, laßt die Hände eurer Nachbarinnen los. Berührt euch mit euren Händen, die die Energie des Kreises aufgenommen haben.

● Teilt einander eure Erfahrungen mit, malt sie oder schreibt sie auf.

Selbstheilung

Durch die gleiche Energie wie bei der Fernheilung kannst du auch dich selbst dadurch heilen, daß du dir das »vorstellst«. Stell dir bildlich um den kranken Teil deines Körpers eine heilende Farbe vor. Dies kann ein Regenbogen sein, der durch dich hindurchzieht, wobei dein Körper nur die Farben aufnimmt, die wohltuend für dich sind. Spüre, wie dich das mit Energie erfüllt und gesund macht. Atme tief ein, bei jedem Einatmen nimmst du gleichzeitig Gesundheit und Klarheit auf, beim Ausatmen läßt du Krankheit und blockierte Energie aus dir hinausfließen.

Die Meditationslehrerin Margo Adair beschreibt, wie sie sich selbst heilt:

Normalerweise lief mir den ganzen Winter über die Nase. Es war mir noch nie in den Sinn gekommen, daß ich mir meine Schleimhäute trocken vorstellen könnte, bis ich mit Heilmeditationen begann. In wenigen Tagen war ich das Problem los, es ist auch nie wieder aufgetaucht! Früher war ich normalerweise mindestens zehn Tage pro Jahr krank. In den letzten sechs Jahren bin ich nie länger als einen Tag im Jahr krank gewesen. Ich hatte immer gemeint, daß ich mich bei einer Krankheit ins Bett legen und abwarten müsse, bis die Krankheit vorüber sei. Jetzt weiß ich es besser. Ich weiß, daß ich in mich gehen, meine Krankheit verstehen kann, indem ich mir vorstelle, daß ich mit ihr spreche, und so Einsichten gewinne, die es mir ermöglichen, Veränderungen in meinem Leben vorzunehmen, damit die Krankheit nicht wiederkommt. Auch stelle ich mir den Heilungsprozeß vor, dadurch werde ich viel schneller gesund. Wenn ich jetzt eine Erkältung bekomme, dauert sie nur einen Tag und nicht eine Woche.

Ebenso kannst du deine Vorstellungskraft benützen, um dich in gefährlichen Situationen zu schützen. Margo berichtet:

Drei Jahre nach Beginn meiner Meditationen hatte ich ein einschneidendes Erlebnis, bei dem mir deutlich wurde, in welchem Maß mir die Macht von Körper und Verstand vertraut war und wie sehr ich meine Macht *wiedergewonnen* hatte. Ich beförderte auf einem Transportkarren einen Kühlschrank, indem ich ihn rückwärts die Einfahrt entlang hinter mir herzog. Der Übergang der Ausfahrt von der Gehsteig- auf die Fahrbahnebene verlief nicht allmählich, wie ich erwartet hatte, sondern sehr abrupt. Plötzlich wurde ich vom Kühlschrank geschoben – ich zog ihn nicht mehr – und dann stolperte ich über ein Brett. Im Fallen stellte ich mir *sofort* vor, wie ich Heilenergien aufnahm, um mich zu schützen. Unter »normalen« mechanischen Bedingungen wären die Hebelkraft der Karrengriffe und der Ecke des Brettes so gewesen, daß meine Beine unter dem Gewicht des Kühlschranks zusammengeknickt wären. Wenn ich mit Angst und der Erwartung, mich zu verletzen reagiert hätte, hätte mein Körper die volle Wucht des Falls abbekommen und meine Beine wären gequetscht worden. Stattdessen spürte ich beim Fall auf den Gehsteig diese unglaubliche Energie, die den Kühlschrank oben hielt. Meine Beine taten anschließend nicht weh, und den ganzen Umzugstag spürte ich weiterhin diese Energie in mir – fast als hätte ich eine bewußtseinsverändernde Droge genommen.[25]

Kreativität und Heilen

Unsere Kreativität ist ein wichtiger Beitrag zu unserer Selbstheilung. Mary Hope Lee, Lyrikerin und Puppenmacherin, erzählte mir, wie ihr ihre Kunst nach einer Abtreibung bei der Selbstheilung half:

Am Valentinstag 1978, vier Tage vor meinem 31. Geburtstag, hatte ich eine Abtreibung. Es war eine sehr schwierige Entscheidung, eine wirklich schwere Belastung für mich. Meine Hoffnung war, daß ich von einer schon weit entwickelten Seele lediglich gebraucht wurde, sich einen kurzen Moment zu verkörpern, damit sie sich aus dem Karmarad befreien konnte. Da ich katholisch erzogen war – mich dieser Religion jedoch nicht mehr zugehörig fühlte – belastete mich die Abtreibung nur noch mehr. Sie verengte mein Leben, lähmte meine Sexualität und machte mir ständig zu schaffen. Ich brauchte etwas, um das, was mich bedrückte, umzuwandeln, es loszulassen, die tote Blume bis zur Wurzel hinab zu entfernen, damit sie nicht mehr alle Freude aus meinem Herzen saugen konnte.
Ich dachte mir, daß ich den Einfluß des abgetriebenen Fötus in meinem Leben und auf mein Leben auf konstruktive Weise herausfinden könnte, wenn ich eine Puppe kaufte, die diesen Geist verkör-

pern könnte. Diese Geste erwies sich als unbefriedigend, ließ zuviel offen. Es kam zu keiner Lösung. Stattdessen bestand die Lösung darin, daß ich selbst Puppen anfertigte. Eine Puppe zu machen, die aus mir heraus entstand, wo die Kämpfe stattfanden, war die einzige Möglichkeit.

So entstand Winter-Valentine, ein kleines Wesen mit tellergroßen Augen, einem offen daliegenden Herzen und hocherhobenen Armen. Sie sitzt jetzt neben Baron Samedi mit seinem leuchtenden Federschmuck, einer Gottheit aus dem Haitianischen Vodoun-Pantheon, dem Vorboten des Übergangs, den wir Tod nennen, und neben Oyá, deren herzförmiges drittes Auge aus Amethyst leuchtet. Sie ist eine Yoruba-Göttin aus Nigeria in Westafrika, die über das Wohlergehen abgetretener Seelen und ihre irdischen Behausungen auf den Friedhöfen wacht.

Eine Frau, die dieses Trio betrachtete und ihre Geschichte nicht kannte, meinte zu mir, daß sie alle einen so fröhlichen Eindruck machten. Ja, fröhlich! Endlich ist der Tod gewandelt, die Last ist von mir genommen, Schuldgefühle, Scham und Reue haben sich gelöst.[26]

Kräuter

Jahrtausendelang sind Kräuter als Nahrung und zu Heilzwecken verwendet worden. Die weit verbreitete Vorstellung von der Hexe mit einem Haus voller Kräuter ist eine geschichtliche Erinnerung an Zeiten, als Naturheilmittel angewendet wurden und Frauen die Heilkundigen waren.

Die Heilkräfte der meisten Kräuter lassen sich leicht durch Zubereitung als Tee oder beim Kochen nutzbar machen. Es gibt zahlreiche gute Bücher über Heilkräuter. Du kannst dir entsprechend deinen Bedürfnissen Kräuter heraussuchen und mit ihnen experimentieren. Gehe respektvoll mit ihrer Kraft um. Wie andere Medizin auch können einige Heilkräuter in großen Dosen schädlich sein.

● Mein Lieblingstee ist »Spiritualitäts-Tee«, den ich in allen meinen Gruppen anbiete. Hier das Rezept: Gib einen Teelöffel Süßholzwurzel und eine Zimtstange in knapp 1 l Wasser und bring es zum Kochen. Wenn du den Tee lieber süßer magst, kannst du ihn bis zu 15 Minuten leicht kochen lassen. Nimm dann den Topf von der Kochstelle und füge je einen Teelöffel Pfefferminz, Zitronenkraut und einen weiteren Tee hinzu, der gut zu den anderen paßt. Ich nehme gewöhnlich Tee mit starker Heilkraft wie Beinwell oder Alfalfa. Laß den Tee drei Minuten ziehen und trink ihn dann.

● Meine Lieblingsheilnahrung ist Knoblauch. Pro Gramm soll Knoblauch angeblich heilkräftiger als Penizillin sein. Jahrtausendelang ist er als Allheilmittel verwendet worden, in vielen Ländern bis zum heutigen Tag. Jedesmal, wenn ich mit einem rauhen Hals oder einer verstopften Nase aufwache, nehme ich eine Knoblauchzehe und vermische sie im Mixer mit einem Glas Orangensaft. Der Knoblauchgeschmack ist kaum zu merken. Notfalls trinke ich im Lauf des Tages und abends noch ein Glas. Fast immer ist die Erkältung am nächsten Tag weg. Andernfalls nehme ich mehr Knoblauch. Der Erfolg war, daß ich in den letzten zehn Jahren nur ein oder zwei Erkältungen hatte. Wie alle Heilmittel wirkt Knoblauch am besten, wenn man ihn im Anfangsstadium einer Krankheit nimmt.

Heilmittel zu sich zu nehmen bietet eine gute Gelegenheit, sich wie bei der Selbstheilungsmeditation bildlich den Heilungsprozeß vorzustellen. Die Heilwirkung wird dadurch unglaublich verstärkt, ganz gleich, was für eine Medizin du nimmst. Wende deine Aufmerksamkeit dem Akt des Einnehmens zu, in vollem Gewahrsein deiner Gesundheit und deines Wohlbefindens, und denke daran, daß du die Kraft hast, dich selbst zu heilen.

6 Neue Rituale erschaffen

Rituale, besonders Rituale des heiligen Kreises – des
Lebensrades, in dem alle Dinge enthalten sind – erinnern
uns daran, daß wir alle aus der Mitte hervorgehen, der
Quelle, dem Alles-Was-Ist, daß die Lebendigkeit des
großen Geistes in jedem von uns lebt und daß wir alle einen
gleichberechtigten Platz in den Dingen haben. In Erinnerung daran können wir wieder Mitglieder der Großen
Familie werden. Die Vierbeinigen, die Geflügelten, das
Steinvolk und die Grünwachsenden laden uns jetzt ein,
aufzuwachen und wieder liebevoll ganz in den großen
Kreis einzutreten. Laßt uns ein gutes Verhältnis zu allen
Dingen im täglichen Ritual finden – sei es ein inneres,
äußeres, stilles oder gesungenes – für *alle* unsere Ver-
wandten. Ho!

                                        Brooke Medicine Eagle

Es gibt Zeiten, zu denen innere Meditation oder stille spirituelle
Beschäftigung eher einschränkend als wohltuend wirken. Es ist
wichtig, eine durchaus angebrachte Disziplin nicht mit selbst
auferlegtem Unbehagen zu verwechseln. Wenn stille spirituelle
Beschäftigung nicht das Richtige zu sein scheint, kannst du die
verschiedenen in den vorhergegangenen Kapiteln beschriebenen
Techniken spielerisch mit Bewegung, Lauten und Gegenständen
verbinden.
Prunkvolle Zeremonien und symbolische Handlungen sind Bestandteil aller formellen Zusammenkünfte gewesen, doch viele
überlieferte Rituale sind eintönig und hohl geworden. Wenn du
dir deinen unmittelbaren Bedürfnissen entsprechend eigene Rituale ausdenkst und dabei dein eigenes Material verwendest,
werden Rituale wieder lebendig und wir merken, welchen Sinn
sie ursprünglich hatten. Wenn du mit Gruppen arbeitest, wirst du
außerdem sehen, daß gemeinsame Rituale ein wichtiges Mittel
sein können, die Konzentration auf einen Punkt zu lenken, eine

besondere, positive Atmosphäre zu schaffen und Bindungen zu vertiefen.

Rituale hat es schon immer gegeben. Aus Mythologie, Archäologie, Sprachforschung, Kunst und Geschichte erfahren wir von den Ritualen unserer Vormütter. Paläolithische Höhlen als Gebärmutter der Erdmutter scheinen ein natürlicher Ort für Geburts- und Wiedergeburtsrituale gewesen zu sein, und die eingeritzten und gemalten Brüste und Vulven, Malereien von Tieren und Pflanzen und Aufzeichnungen der Mondzyklen und Jahreszeiten, die in einigen dieser Höhlen noch erhalten sind, geben lebhaftes Zeugnis lange zurückliegender Spiritualität.

Bis zum klassischen Altertum waren die Eleusinischen Mysterien das eindrucksvollste und wichtigste religiöse Ereignis der antiken griechischen Kultur, das von der Erdgöttin Demeter ins Leben gerufen worden sein soll, um die Rückkehr ihrer Tochter Persephone/Kore zu feiern. Durch die Prozessionen und Weihehandlungen wurde in den Teilnehmern eine psychische Wiedergeburt gefördert, die der Rückkehr Persephones/Kores aus der Unterwelt und dem Frühlingsbeginn entsprach.

Früher war das Ritual eine umfangreiche, alle Aspekte einbeziehende Feier, ein Ausdruck menschlicher Kreativität und zyklischer Erneuerung. Viele unserer Künste – Theater, Dichtung und Gesang – gehen auf rituelle Aufführungen zurück. Die Teilnehmer an antiken Ritualen übernahmen oft einen aktiven Part in der Zeremonie – wie das heute noch in vielen traditionellen Kulturen der Fall ist.

Das Ritual ist ein unabdingbarer Bestandteil menschlichen Seins. Wir schätzen sowohl alte wie auch neue sich wiederholende Rituale, weil sie uns ein Gefühl unserer eigenen Kontinuität vermitteln. Sie gewähren uns Zeit und Raum für einen Ausblick auf den Rest unseres Lebens. In technisch fortgeschrittenen Gesellschaften sind Rituale jedoch so sehr institutionalisiert und von Autoritäten (die selten Frauen waren) vereinnahmt worden, daß alle spontanen oder ursprünglichen Rituale Verdacht erregen und nicht ernst genommen werden. Zudem bestehen unsere Rituale aus sinnlosen Wiederholungen, die aus ihrem ursprünglichen Zusammenhang und Gefühlshintergrund herausgerissen sind. Allzu oft dienen sie dazu, den Status quo aufrechtzuerhalten, das führt zu Entfremdung, Angst und stärkt hierarchische Strukturen.

Patriarchalische Rituale in Form der zahlreichen traditionellen religiösen Feiern oder patriotischen Festtage sind als spirituelles Erlebnis relativ blutleer. Die zwei wichtigsten Aspekte des Rituals – spontane, kreative psychische Kraft und Zyklen der Natur – fehlen. Wir spüren diese Leere in unserem Leben und schaffen uns deshalb eigene Rituale – häufig, ohne sie als solche zu erkennen. Das Treffen von Selbsthilfegruppen, Sportveranstaltungen, Partys, das gemeinsame Essen und Spiel sind oft ritualisiert. Der inoffizielle Charakter solcher Ereignisse ermöglicht ihren Fluß und ihre Lebendigkeit. Doch meist haben sie nicht die Kraft und die Wirkung eines klar ausgerichteten, zweckbestimmten Rituals.

Wir brauchen lebendige Feiern, die unseren Bedürfnissen als Frauen im 20. Jahrhundert ensprechen. Vielen ist der Gedanke, neue Rituale zu schaffen, unbehaglich. Doch ein Ritual, das aus einer Einzel- oder Gruppenmeditation besteht, kann äußerst wirkungsvoll und lebendig sein. Rituale, die sich aus unseren gegenwärtigen Lebenszusammenhängen und Erinnerungen ergeben, können uns ein Gefühl für unsere persönliche und kollektive Geschichte und Entwicklung vermitteln. Rituale können spontan oder geplant sein, sie können täglich oder zu besonderen Anlässen ausgeübt werden. Sie eignen sich wunderbar für Feste, für einen Neubeginn und für die Monats- und Jahreszyklen. In traditionellen Ritualen spielten die Jahreszeiten eine wichtige Rolle, denn sie helfen dabei, die entsprechenden eigenen jahreszeitlichen und lebenszeitlichen Veränderungen zu verstehen und sich zunutze zu machen.

Zur Erklärung der Wirkung von Ritualen gibt es zwei grundlegende Theorien: 1. das Ritual wirkt mit den unsichtbaren und sichtbaren Kräften des Universums zusammen und beinflußt so die materielle Wirklichkeit, oder 2. Rituale wirken sich auf die Handlungen der Menschen durch Beeinflussung ihres Geistes

aus. Im Grunde sagen sie ein und dasselbe. Letztere, die psychologische Sichtweise, bezieht auch den politischen, ökonomischen und gesellschaftlichen Bereich mit ein und betont unsere
umfassende Macht und nicht unsere Hilflosigkeit, indem sie uns
konkrete, wirksame Mittel zur Veränderung unserer alten Muster
an die Hand gibt. Die erste Erklärungsweise des Rituals erkennt
die Wechselbeziehung zwischen Menschen, Tieren, Pflanzen
und elektromagnetischen und geophysikalischen Kräften an und
setzt sie zum Zustandekommen einer wirklich ganzheitlichen
Wissenschaft ein. Indem wir *alle* Kräfte aktivieren und gebrauchen, lernen wir, wie wir auf diesem Planeten in geistiger und
körperlicher Gesundheit leben können.

Persönliche Rituale

Rituale fallen unter mehrere allgemeine Kategorien, die sich
häufig überschneiden: spontane und geplante, persönliche und
kollektive, regelmäßige und zufällige. Jede auf ein Ritual verwendete Energie überträgt sich auf andere Bereiche deines Lebens.
Vielleicht noch mehr als bei anderen Aspekten weiblicher Spiritualität besteht der Sinn des Rituals letztendlich darin, spontan
dein Eigenes entsprechend den Erfordernissen von Zeit und Ort
entstehen zu lassen. Aus diesem Grund enthält dieses Kapitel
mehr Beispiele als Anweisungen.

Die täglichen persönlichen Rituale erkennen

Du übst bereits viele tägliche Rituale aus. Wie du dich anziehst,
dich für die Arbeit fertig machst, ißt, Aufgaben erledigst und dich
entspannst, kann alles ein Ritual sein, vielleicht hast du es nur
noch nie so gesehen. Zum Teil sind das vielleicht »sinnlose«
Rituale, damit dein rationaler Verstand zur Ruhe kommt und dein

meditativer Geist mehr Raum bekommt. Wenn du sie als Rituale erkennst, kannst du deine Erfahrungsmöglichkeiten vielleicht in einem größeren Zusammenhang sehen. Dadurch wirst du dir auch deiner Handlungen bewußter, so wie im Zen-Buddhismus dazu angehalten wird, die alltäglichsten Handlungen so bewußt wie möglich auszuführen. Andere deiner Rituale sind vielleicht automatische Routine, die es dir verwehrt, dein Leben intensiver zu genießen. Mit ihnen kannst du dich zum Beispiel in den folgenden Übungen beschäftigen und sie vielleicht ändern.

Viele unserer »negativen« Rituale gelten als »schlechte Gewohnheiten«, zum Beispiel Rauchen, Alkohol trinken oder zuviel essen oder anderes zwanghaftes Verhalten und Mißbrauch von Mitteln. Gibt es bei dir negative Rituale? Die meisten haben welche, überlege dir, wie du sie in positive umwandeln kannst.

Zu meinen gelegentlichen negativen Ritualen gehört es, daß ich hastig und zuviel esse. Ich habe mir selbst ein positives Eßritual geschaffen. Ehe ich anfange, sitze ich ein oder zwei Minuten da, finde meinen Ruhepunkt und konzentriere mich darauf, Energie mit den Nahrungsmitteln auszutauschen. Wenn ich mit anderen zusammen bin, fassen wir uns oft bei den Händen, ehe wir zu essen anfangen. Ich esse jetzt nicht mehr so hastig, erhalte aus weniger Essen mehr Energie und habe mehr Achtung gegenüber den Nahrungsmitteln selbst und den Tieren, Pflanzen und Menschen, die sie hervorgebracht haben. Auch genieße ich das Essen jetzt sehr viel mehr als früher.

Ein weiteres negatives Ritual bei mir ist, daß ich auf bestimmte Situationen mit Verletztsein, Angst oder Verwirrung überreagiere. Ich habe ein Ritual eingeführt, tief zu atmen, wenn ich merke, daß ich dabei bin, überzogen zu reagieren. (Wesentlich hierbei wie bei den meisten anderen Ritualen auch ist es, die negative Energie zu erkennen, wenn sie entsteht, nicht erst, wenn sie schon voll wirkt.) Wenn ich in einer Situation sofort handeln muß, tue ich das und versuche zu fühlen, wie meine Energie von meinem Körpermittelpunkt aus strömt.

Wenn ich mehr Zeit habe, atme ich in den Bauch und konzentriere mich auf das, was mir zu schaffen macht. Wenn meine

Impulse schwächer werden, kommt die zugrundeliegende innere Ursache meiner Überreaktion zum Vorschein. Indem ich mich auf das einlasse, was wirklich passiert, erfahre ich etwas über mich selbst, andere und die Situation, während sonst durch mein Überreagieren meine Wahrnehmung getrübt wäre. Ich kann besser mit der Situation umgehen und den Teil von mir ausfindig machen und ändern, der überreagiert. Ich spüre, wie an die Stelle meiner Angst Kraft tritt. Ich entscheide, wie ich sie einsetzen will. Manchmal mache ich ein Ritual, bei dem ich mich auf die neue Richtung meiner Energie konzentriere oder sie symbolisiere, so daß ich sie leichter in mein übriges Leben hineinnehmen kann.

Allgemeine Hinweise

Jedes Ritual verläuft anders, die wichtigste Regel besteht darin, eine Struktur zu schaffen, die Spontaneität ermöglicht. Die Kraft des Rituals beruht darauf, daß wir es selbst erschaffen. Ich kann einige allgemeine Hinweise geben, alles andere machst du selbst.

Die drei hauptsächlichen Schritte des persönlichen Rituals sind folgende: 1. *Konzentration* auf dein Ziel und Vorbereitung darauf, 2. *Beseitigung* innerer und äußerer Einflüsse, die dich daran hindern, und 3. *Umwandlung* deiner bisher gehemmten in konstruktive Energie, die dir beim Erreichen deines Zieles hilft.

Werde dir über den Zweck klar. Du kannst ein Ritual machen, damit jemand wieder gesund wird, um dein Haus zu schützen, beruflich erfolgreich zu sein – alles, mit dem du auf materieller Ebene zu tun hast. (Frage vor einem Ritual, das sich auf jemand anderen auswirkt, immer erst um Erlaubnis.) Du kannst einen Gegenstand wählen, der deinen Zweck symbolisiert und ihn in deinem Ritual als Talisman verwenden, der deine Energie in sich aufnimmt.

Greife bei der Entstehung eines Rituals auf Quellen aus all deinen Lebensbereichen zurück: Meditation, Träume, Körperübungen,

Kinderspiele, Forschungsergebnisse, Gruppeneinfälle, Phantasien u. a. Die Idee für das Ritual mit der Schnur, das ich hier beschreibe, bekam ich in einer Meditation, in der ich eine Schnur »sah«, die in einen Kreis von Frauen verwoben war. Ich hatte an tibetischen Ritualen teilgenommen, bei denen jeder ein von einem Lamapriester gesegnetes Stück Stoff erhält, das ihm Glück bringen soll. Mir war klar, daß die Kraft unseres Kreises so stark war, daß die Schnur bereits als unsere Nabelschnur gesegnet war, die wir unter uns aufteilen konnten, so daß jede ein Stück davon behielt. Ein anderer Einfall für ein Ritual stammt aus einem Traum, in dem ich eine Gruppe von Frauen tanzen sah, jede mit einem Stück Stoff in der Hand, mit dem sie ihre Energie in einer fließenden Bewegung hinter sich herzog. Diese Idee verwendete ich in einem Ritual für 500 Menschen. Es verlief wunderbar.
Hier noch ein paar Beispiele symbolischer Handlungen, die du in Rituale umsetzen kannst. Setz deine Phantasie ein.

● *Kerzenritual:* Wähle eine in Form, Größe und Farbe besondere Kerze. Stelle sie an einen sicheren Ort, vielleicht legst du Alufolie unter. Schreib während der rituellen Meditation mit einem scharfen Gegenstand ein paar Symbole oder Worte auf die Kerze, die sich auf das beziehen, was du dir von dem Ritual erwartest. Stelle dir vor, daß du deine ganze Energie in die Kerze hineinfließen läßt. Zünde die Kerze an und konzentriere dich ein paar Minuten lang auf den Zweck deiner Meditation. Spüre, wie beim Niederbrennen der Kerze negative Energie verschwindet und positive, schöpferische Energie im Universum und in dir selbst freigesetzt wird. Laß die Kerze brennen, bis sie von selbst ausgeht, während du dein Leben an dir vorüberziehen läßt. Beim Niederbrennen vollbringt das Licht deine Absicht. Wenn du fortgehen mußt oder eine längere Sitzung machen möchtest, kannst du dieses Ritual täglich wiederholen und dann die Kerze nur teilweise abbrennen lassen. Paß auf, daß nichts in Brand gerät.

● *Schnurritual:* Nimm ein Stück Faden, Band oder Stoff. Während der Meditation machst du eine bestimmte Anzahl von Knoten hinein. Mit jedem Knoten verbindest du eine Aussage über das Ergebnis der Meditation. Formuliere sie so bestimmt und direkt wie möglich: ».. . geschieht jetzt gleich«, und nicht: »ich wünsche, daß das und das passiert« oder »wird bald passieren«. Laß nach dem Ritual die Knoten in der Schnur. Meditiere einmal am Tag, wobei du jeweils einen Knoten berührst und deine Aussage wiederholst. Wenn du das Gefühl hast, über das Thema genügend meditiert zu haben, löse den Knoten und sage: »Es ist passiert. . . Es ist passiert.« Danach kannst du die Schnur für einen besonderen Zweck aufheben oder verbrennen.

Hier eine Möglichkeit, wie du dein eigenes Ritual entwickeln kannst:

● Nimm dir Zeit (etwa eine halbe bis eine Stunde) und suche dir eine Platz, wo du ungestört bist. Beginne kein Ritual, wenn du zu zerstreut oder zu müde bist. Das soll eine angenehme Erfahrung sein. Es ist eine Möglichkeit, einen friedlichen, schönen Ort der Sammlung in deinem Leben zu schaffen. Bestätige dir, daß du die Macht dazu hast. Entscheide dich für bestimmte Gegenstände, die du verwenden möchtest: Kerzen, Räucherstäbchen, Blumen, Gegenstände mit Symbolik oder Macht, Musikinstrumente.

● Setze dich hin und finde durch tiefe Atmung oder andere Körperarbeit in deine Mitte. Finde mit Hilfe der hier erwähnten Übungen (z. B. geleiteten Meditationen oder Traumarbeit) heraus, was dich sowohl äußerlich wie auch innerlich davon abhält, etwas Gewünschtes zu erreichen. Betrachte alle Aspekte der Situation, ohne zu werten. Meditiere darüber, wie sich die Energie verändern läßt. Was muß innerlich bei dir geschehen? Was äußerlich?

● Finde eine bildliche Vorstellung, ein Wort oder ein anderes Symbol für die Energie, die du verändern möchtest.

● Schau zu, wie es sich wandelt, bis es dein gewünschtes Ergebnis symbolisiert. Tanze oder bewege dich, wie es dir entspricht, sing, richte deine Aufmerksamkeit auf einen symbolischen Gegenstand, male oder wähle andere Handlungen (zum Beispiel das Kerzen- oder das Schnurritual), damit dem von dir

Gewünschten schöpferische Energie zufließt und sich die Erfüllung darin ausdrückt. Feiere deine eigene Macht, dein Leben zu verändern!

● Beende das Ritual. Leite die Energie durch tiefe Atmung oder andere Körperarbeit zum Boden.

Ich habe in meinem Zimmer einen besonderen Tisch für Meditationen und Rituale. Sein Aussehen verändert sich so, wie ich mich verändere. Ein »gewöhnliches« Ritual verläuft etwa so: Zuerst lege ich mir die Gegenstände zurecht, die ich gebrauchen möchte, und strecke mich oder atme tief, um mich zu lockern. Dann zünde ich Kerzen und Räucherstäbchen an, um Wärme, Licht und das Element Feuer einzubeziehen. Sie helfen mir, meine Energie auf einen Punkt zu richten. Manchmal gehe ich mit den Räucherstäbchen im Zimmer umher, um es zu reinigen und die neuen Kräfte einzuladen. Mir gefallen der Geruch des Rauchs und wie er sich bewegt.

Ich sitze vor meinem Tischchen und konzentriere mich ein paar Minuten lang auf die Atmung. Dann klingele ich mit meinen tibetischen Schellen und rufe die Geister in mir und außerhalb von mir an, bei dem Ritual dabei zu sein. Wenn ich besondere Gegenstände habe, denen ich Energie zuführen möchte oder die in Beziehung zu dem Ritual stehen, lege ich sie auf den Tisch. In einer Art geleiteter Meditation »gehe ich in mich« und spreche die Menschen, Situationen oder Teile in mir selbst an, mit denen das Ritual zu tun hat. Wenn es um eine Energie geht, die sich nicht so klar abzeichnet (vielleicht bin ich unkonzentriert und mir gelingt nichts), dann warte ich, bis eine Begegenheit oder ein Symbol auftaucht, die die Wurzel des Problems repräsentieren.

Wenn ich herausgefunden habe, was ich möchte oder tun muß, atme ich wieder tief in meinen Bauch. Ich wende meine Aufmerksamkeit meinen einzelnen Körperteilen zu, so daß ich die volle Energie in mir fühlen kann. Ich spüre die Kraft in mir aufsteigen, während ich mich der Energie um mich herum öffne.

In der weiteren Meditation bitte ich um symbolischen oder

148

konkreten Rat. Wenn ich klar erkenne, was ich tun muß, konzentriere ich mich darauf, daß meine Wahrnehmung ungehindert meinen ganzen Körper, meine Umgebung und alles und jeden erreicht, die mit der Situation zu tun haben. Ich läute ein paarmal die Schellen und nehme die Entstehung jedes Tons wahr, der die klare Energie mit sich bringt und zum Gelingen des Rituals beiträgt.

Mein Ziel scheint jetzt sehr viel eher möglich, und ich sitze noch ein paar Minuten ruhig da und lasse mich von diesem guten Gefühl umspielen. Noch einmal mache ich mir klar, was ich in der Meditation gelernt habe und finde heraus, wie ich es umsetzen kann. Ich danke den Geistern in mir und außerhalb von mir. Um mich zu »erden«, wende ich mich wieder meinem Körper zu, dieses Mal berühre ich mich überall und massiere mein Gesicht. Ich lösche die Kerzen und schaue nach den Räucherstäbchen.

Dann stehe ich auf, dehne und bewege mich und lasse das Erlebte noch einmal an mir vorüberziehen. Meinem Leben wende ich mich wieder klarer, konzentrierter und mit mehr Energie zu. Ich beobachte und spüre, wie mein Ritual sich auswirkt, erinnere mich, wie es mir vor einer Stunde, vor dem Ritual, ging und bin jedesmal erstaunt, wie anders mein Zustand war und wie sich jetzt alles verändert hat.

Übergangsphasen

Rituale sind eine wichtige Möglichkeit zur Hervorhebung von Anfängen und Abschlüssen, denn sie helfen dabei, Altes zu beenden, damit du für neue Situationen offen bist. Sie können eine schwierige Übergangsphase erleichtern und dich auf neue Möglichkeiten hinweisen, indem sie in dir Energie für ein neues Vorhaben oder eine neue Lebensphase freisetzen.

Als die Person, mit der ich vier Jahre lang zusammengelebt und Reisen unternommen hatte, ans andere Ende der Welt zog, fiel mir das Einschlafen schwer, weil ich so sehr daran gewöhnt war, jemanden neben mir zu haben. Ich war aus dem Gleichgewicht geraten und wußte nichts mit mir anzufangen. So setzte ich mich vor dem Schlafengehen ruhig hin und meditierte eine Zeitlang. Das half mir, einen Ruhepunkt zu finden und allmählich zu spüren, wer ich in meinem neuen Leben war. Allmählich wurde dieses Ritual zu einem wichtigen, sehr wertvollen Bestandteil meines Lebens, das mir in vielen anderen Lebenssituationen zugute kam.

Oft mache ich kleine Übergangsrituale. Hin und wieder halte ich inne und verabschiede mich von meiner Wohnung, wenn ich weggehe, und stelle mir manchmal vor, daß sie geschützt ist. Wenn ich zu einem Treffen gehe, ziehe ich mich zu Anfang oft ein paar Minuten zurück, atme tief oder ruhe meine Augen aus, um in meine Mitte zu finden. Wenn ich mich mit jemandem treffe, halten wir uns manchmal minutenlang ruhig bei den Händen. Das hilft uns, die Geschäftigkeit hinter uns zu lassen, aus der wir gerade kommen und erdet uns, so daß wir uns intensiver aufeinander einlassen können. Wenn eine von uns besonders erschöpft ist, behandeln wir uns gegenseitig ein wenig.

Bei schwierigeren Übergangssituationen benötigst du ein Ritual, das du immer wieder mit in deinen Alltag hineinnehmen kannst.

● *Beziehungen:* Du kannst ein Ritual für einen Wandel in einer persönlichen Beziehung entwickeln. Verwende dafür Gegenstände oder Handlungen, die sowohl die alte wie auch die neue Phase der Beziehung repräsentieren. Wenn an dem Ritual mehr als eine Person beteiligt ist, dann laß jede einen Teil davon vorbereiten. Wenn etwas Unerledigtes zu besprechen ist, ist das ein guter Zeitpunkt, denn ihr lenkt im Ritual eure Konzentration in dieselbe Richtung.

Fragt einander verbal oder in der Meditation, was ihr voneinander braucht. Wenn jemand gestorben oder weggezogen ist, dann konzentriere dich darauf, was das für Veränderungen in der Beziehung bedeutet. Wie kannst du mit den Veränderungen umgehen? Spüre die Möglichkeiten der neuen Beziehung.

● *Neuanfänge:* Rituale sind eine wichtige Möglichkeit, Energie

zu sammeln, wenn du ein neues Projekt, eine Stelle oder Lebensphase beginnst. Setze das Ritual bei Neumond an. Du kannst
Freundinnen einladen, mit dir zusammen deinen Umzug, die
neue Stelle oder den neuen Lebensabschnitt zu feiern. Bitte sie,
etwas zum Teilen mitzubringen – Essen, ein Lied, ein Geschenk.
Du kannst das Ritual mit ihnen gemeinsam entwickeln, oder sie
beteiligen sich an dem Ritual, das du geschaffen hast.

• *Hausreinigungsritual:* Markiere den Platz, indem du umher-
gehst und die Luft mit Räucherwerk, Federn oder Gesten »ab-
staubst«. Gieße Apfelessig in Schalen – für jedes Zimmer eine.
Rühre Meersalz in jede Essigschale (Salz ist ein psychischer
Reiniger). Trage die Schalen im Zimmer umher und bitte in
deinen eigenen Worten darum, daß jede unerwünschte Energie
von früheren Bewohnern oder früheren Handlungen beseitigt
wird und es ein gastlicher und wohltuender Ort für die Menschen
wird, die jetzt hier leben, arbeiten und ihre Zeit verbringen.
Laß über Nacht in jedem Zimmer eine Schale stehen. Gieße am
nächsten Morgen den Salzessig in die Erde, damit er wieder
aufgenommen wird.

Tauschrituale

In früheren Zeiten gingen wir zu den Schaman/innen oder den
Priester/innen, damit sie uns bei einem wichtigen Ritual halfen.
Heute können wir füreinander als Schamaninnen tätig werden,
indem wir uns abwechselnd bei wichtigen Durchbrüchen in
unserem Leben zur Seite stehen. Manchmal geschieht das ganz
spontan, andernfalls kannst du einen rituellen Tausch vorbereiten.
Mache für Tauschrituale jemanden ausfindig, der gern mehr
darüber erfahren und neue Formen ausprobieren möchte. Es
erfordert kein besonderes Wissen, du brauchst dich nur an das
Grundlegende beim Ritual erinnern: negative Energie in positive
Haltungen umzuwandeln. Verlaß dich bei den Einzelheiten auf
deine Phantasie.

Meine Freundin Leni Schwendinger und ich haben das miteinander gemacht, und es war eines der eindrucksvollsten rituellen Erlebnisse, die ich je hatte. Ich sagte Leni, daß ich wegen meiner Wohnung ein Ritual abhalten wolle, denn ich war mit meiner Wohnsituation unzufrieden, konnte sie aber nicht sofort verändern. Leni forderte mich auf, über meine Gefühle und meine Erwartungen hinsichtlich des Rituals zu reden. Dann übernahm sie die Vorbereitung des Rituals, die Einzelheiten sollten eine Überraschung sein.

Ich selbst bereitete mich vor, indem ich in der Wohnung und in meinen Gefühlen aufräumte, so gut ich das konnte. Als Leni kam, setzten wir uns hin und meditierten miteinander. Von da an folgte eine Aneinanderreihung der wunderschönsten Spiele, die je jemand für mich vorbereitet hatte. Leni hatte Fäden mitgebracht, um Durchgänge für mich zu schaffen, Münzen, die sie um sich streute und die Leichtigkeit und Helligkeit verbreiten sollten, ein gelbes Cellophanherz, damit durch das Wohnzimmerfenster Liebe hereinkam und andere Erinnerungsgegenstände und Ideen, die mir halfen, mich in meiner Wohnung sicher zu fühlen. Die Veränderungen nach einigen Stunden waren wunderbar. Mein Sehen hatte sich völlig verändert, ich konnte viel mehr Farben wahrnehmen und war nicht mehr verstört. Die gute Wirkung des Rituals dauerte viele Monate.

Dankritual

Viele Rituale dienen dazu, um etwas zu bitten oder mit der universellen Energie in Verbindung zu kommen. In der folgenden Meditation von Carolyn Schaffer danken wir für das, was wir haben, und wir bedanken uns bei der Energie, die uns umgibt.

● Suche bestimmte Erinnerungsstücke aus wichtigen Abschnitten in deinem Leben heraus, die du als Geschenke darbieten könntest. Ziehe dir etwas Besonderes an. Finde zunächst deine Mitte. Richte deine Aufmerksamkeit auf alle Geister/Energien/

Freundinnen in dir und um dich herum, die dir helfen. Danke ihnen für alles, was sie getan haben. Sage auch dir selbst Dank!

● Gehe in der Wohnung und im Haus umher, zu besonderen Plätzen, mit denen du sprichst und denen du für das dankst, was sie dir gegeben haben. Hinterlasse an jedem Platz ein Erinnerungsstück als Geschenk. Wenn du fertig bist, stellst du dich in die Mitte und öffnest die Arme, spürst die Energie in dir und um dich herum. Du hast dabei geholfen, das alles zu erschaffen, was um dich herum da ist. Bitte darum, daß du mit neuer, noch umfassenderer Inspiration weitermachen kannst.

Abschied von einem Ritual

Mir gefallen Rituale sehr, und oft setze ich das in ein Ritual um, was ich in meinen Alltag integrieren möchte. Dadurch wird es etwas Besonderes für mich, wie eine Belohnung, und dann mache ich es wieder und wieder – eine verdeckte Disziplin.

Doch irgendwann, Wochen oder Jahre danach, fühle ich mich gebremst. Es ist schwer, zu unterscheiden, ob ich einem Durchbruch bei einer bestimmten Praktik Widerstand entgegensetze oder ob ich bereits darüber hinausgewachsen bin, denn ich habe aus eigenem Antrieb mit dieser Übung angefangen, und sie war gut für mich. Sie gehört jetzt zu meinem Leben, und es fällt mir schwer, sie aufzugeben. Doch immer, wenn ich feststelle, daß ein Ritual mich hemmt, ist der Zeitpunkt gekommen, mich von ihm zu verabschieden und zu etwas Neuem überzugehen.

Nachdem ich mehrmals erlebt hatte, daß ich meinen eigenen Impulsen widerstand und auf überholten Ritualen beharrte, beschloß ich, meinen Instinkten mehr zu trauen. Ich merkte, daß das Ritual ein Werkzeug ist, mit dessen Hilfe wir Kontakt zu inneren und äußeren Kräften bekommen, so daß wir das Ritual selbst schließlich nicht mehr brauchen. Je sensibler, bewußter und konzentrierter wir durch das Ritual werden, umso mehr können wir uns davon lösen und spontan leben. Der Zweck des Rituals wie jedes anderen psychischen/psychologischen/spirituellen Werkzeugs besteht darin, daß wir es am Ende nicht mehr brauchen. Wenn also eines meiner Rituale am Absterben ist, dann denke ich mir, daß vielleicht ein neues an seine Stelle tritt oder ich in eine neue Phase ohne Rituale eintrete, eine Phase, in der mein Leben ohne mein bewußtes Bemühen dahinfließt.

Rituale für Gruppen

Rituale sind sehr wirksam, um ein Gemeinschaftsgefühl entstehen zu lassen. Das Gefühl eines von allen getragenen Schutzes, das bei einem Ritual entsteht, macht es den Teilnehmern möglich, sich zu öffnen und sich im Einklang miteinander zu befinden, wie wir das in unserer Kultur selten erleben. Die psychische Bindung untereinander und zur Natur ist einer der überraschendsten Aspekte beim Ritual. Wie das Heilen gibt uns das Ritual die Möglichkeit, offen und vertrauensvoll miteinander umzugehen, und unser wahres Selbst zum Vorschein kommen zu lassen.
Wir können das Ritual auch dazu verwenden, unsere Kraft zu wecken und zu regenerieren und sie in gesellschaftliche und politische Aktion umzusetzen. Bei solchen Aktivitäten wird allein schon durch die Gemeinsamkeit psychische Energie frei, doch oft wird sie nicht wahrgenommen oder nicht gezielt eingesetzt, sondern verpufft oder wirkt von innen her destruktiv. Die beim Ritual entstehende psychische Bindung trägt zur Einigkeit bei und hilft, trotz aller Differenzen Möglichkeiten zur Zusammenarbeit zu finden. Zu den Ritualen, die ich am liebsten mag, gehören Einzel- und Gruppenmeditationen und symbolische Handlungen, die auf gemeinschaftliche Ereignisse wie Frauenbewegungs-, Umwelt- oder Friedenstreffen ausgerichtet sind.
Jede Teilnehmerin trägt zur Entstehung eines kollektiven Rituals bei, unabhängig davon, ob sie es mit vorbereitet hat oder nicht. Im allgemeinen wird für jeden neuen Anlaß ein neues Ritual geschaffen, kein Ritual wird je auf genau die gleiche Weise wiederholt. Innerhalb der geschaffenen Struktur ist immer Raum

154

für Flexibilität, und meistens wird allen Teilnehmerinnen gesagt, daß sie zu jeder Zeit sagen und tun können, was sie möchten. Es gibt keine genau festgelegten Regeln oder Verhaltensweisen, Hohepriesterinnen oder übergeordnete Kräfte.

Fortlaufende Ritualgruppen

Wenn du eine Gruppe finden oder ins Leben rufen kannst, in der ihr regelmäßig Rituale entwickelt, dann hilft das jeder Teilnehmerin bei der Entwicklung ihrer spirituellen Fertigkeit und unterstützt sie ungemein. Du kannst auch in eine bestehende Gruppe Rituale einführen. Da Rituale so flexibel sind und die Entstehung eines Gemeinschaftsgefühls fördern, sind sie eine gute Möglichkeit, eine Gruppe von Leuten mit einer neuen Art bekannt zu machen, wie sie mit spiritueller Kraft umgehen können.
Es ist wichtig, ein Treffen konzentriert und gesammelt zu beginnen, damit alle sich entspannen und sich psychisch der Gruppen-

energie öffnen können. Das häufigste und wirkungsvollste Eröff-
nungsritual ist der Kreis, bei dem sich alle bei den Händen halten.
So kann jede sich mit den anderen im Kreis verbunden fühlen
(siehe »Energiekreis« im 2. Kapitel). Diese Übung hat eine noch
größere Wirkung, wenn jede Teilnehmerin sich bildlich vorstellt,
daß alle mit einer Schnur verbunden sind und dabei an eine Farbe
oder Empfindung denkt, die den ganzen Kreis durchwandert.
Es ist vielleicht ungewohnt, einander bei den Händen zu halten.
Wenn du selbst oder die ganze Gruppe sich unbehaglich dabei
fühlt, dann versucht es doch ein- oder zweimal als Experiment.
Einander zu berühren ist eine Kommunikationsmöglichkeit, die
der verbalen Kommunikation in nichts nachsteht. Der ausschließlich verbale Kontakt ist in vielen Gruppen ein Grund für
den Abbruch der Verständigung miteinander.
Ihr könnt auch singen! Wenn es euer erstes Treffen ist, könnt ihr
jeweils die Namen der anderen singen. Wenn dein Name gesungen wird, dann atme tief ein und achte darauf, wieviel Aufmerksamkeit du ertragen kannst. Gleichzeitig ist es eine gute Möglichkeit, sich die Namen zu merken.

Ein persönliches Ritual in der Gruppe

Eine wichtige Anwendung kollektiver Energie besteht darin, daß
die Gruppe ihre Aufmerksamkeit auf ein persönliches Ritual
richtet. Durch die Aufmerksamkeit der Gruppe bekommt die
individuelle Konzentration noch mehr Gewicht, und eine bestimmte Person kann stellvertretend für alle stehen.
In einem Workshop über Rituale brachte jede ein Problem ein,
das sie mit Hilfe des Rituals bearbeiten wollte, und wir wechsel-
ten uns darin ab, miteinander daran zu arbeiten.
Vicki, eine Krankenschwester in der Psychiatrie, wollte sich mit
ihrem Einschlafritual beschäftigen. Es fiel ihr morgens schwer,
aufzustehen und in die Arbeit zu gehen. Sie fand heraus, daß sie
voller Vorfreude auf den kommenden Tag erwachte, wenn sie
sich am Abend zuvor sammelte. Ich schlug vor, daß sie ihr

Einschlafritual ausagierte und uns dabei Rollen zuwies, damit wir ihr helfen konnten, es entstehen zu lassen. Sie bereitete ihren Altar vor, wobei ihr zwei Frauen als Kerzen dienten, eine Frau als symbolischer Gegenstand, den sie abends bereitlegte, um sich besser auf den folgenden Tag einstellen zu können, eine Frau war ihre innere Ratgeberin. Als sie ihre Aussagen für den nächsten Tag aussprach, antworteten wir ihr. Sie spielte, daß sie sich schlafen legte und am nächsten Morgen aufstand. Irgendwie fehlte ihr etwas. Ich schlug vor, daß sie auch noch ein Aufwachritual mache, damit die Konzentration bestehen blieb und sie die Abläufe der vergangenen Nacht noch einmal vor ihrem geistigen Auge vorüberziehen lassen konnte. Dadurch wurde das Aufwachen zu einer Fortsetzung des Vorabends, ein interessantes, fesselndes Erlebnis und war nicht länger eine leidige Aufgabe.

Vorbereitung eines Gemeinschaftsrituals

Wenn du in deiner Gruppe ein kollektives Ritual machen willst, gilt das Gleiche wie beim individuellen Ritual, nur gibt es eben mehr Personen und Möglichkeiten. Beschließt, wer das Ritual vorbereitet und leitet – eine oder mehrere? Wenn ihr euch für mehrere entschließt, dann einigt euch darüber, wie ihr die Verantwortung aufteilt. Wie verständigt ihr euch während des Rituals miteinander? Wenn eine das Ritual leitet, wer hilft ihr? Ihr könnt auch beschließen, daß jede Teilnehmerin etwas einbringt, oder euch darauf einstellen, das Ritual spontan mit der Gruppe zu entwickeln.
Einigt euch über die Struktur und den Verlauf eures Rituals. Beachtet die Zeitspanne größtmöglicher Aufmerksamkeit jeder Teilnehmerin, die Tageszeit und das Wetter (vor allem, wenn ihr draußen sein wollt). Wieviel Raum wollt ihr Improvisationen oder anderen spontanen Änderungen geben? Kommt überein, euch auf eure Intuition zu verlassen. Welche rituellen Gegenstände wollt ihr verwenden? Durch konkrete Gegenstände kann eine ganz gewöhnliche Umgebung zu einem rituellen Platz

werden, es kann ein Konzentrationspunkt entstehen und die Beziehung zwischen der psychischen Ausrichtung des Rituals und der materiellen Wirklichkeit hergestellt werden.

Ihr könnt Kerzen verwenden, Räucherstäbchen, symbolische Gegenstände, einen Stab zum Herumreichen, einen Kelch für Getränke, die die Teilnehmerinnen zu sich nehmen oder womit sie sich einreiben können, eine Schüssel mit Salzwasser für rituelle Reinigungen, Stoffstreifen als Fahnen zum Tanzen, Faden für eine Verbindungsschnur, Essen, Getränke, Kostüme, Masken und Schminke. Ich möchte immer gern etwas Organisches dabeihaben – Blumen, Muscheln, Wasser, einen Zweig, Obst, Samenkörner.

Wenn du ein Ritual leitest, geht es dir bei den ersten Malen wahrscheinlich so, daß du meinst, alle seien gelangweilt und/oder es sei ihnen peinlich. (Das passiert dir wahrscheinlich auch oft bei einer geleiteten Meditation, denn für die meisten in unserer Kultur ist das eine ungewöhnliche Erfahrung, und als Leiterin bekommst du nicht sofort Reaktionen.) Laß dich nicht beirren! Nach dem Ritual wirst du wahrscheinlich erfahren, daß es den meisten Teilnehmerinnen sehr gut dabei ging. Wenn nicht, dann suche nach den Gründen. Reaktionen, positive genauso wie negative, sind die Grundlage für die Entstehung zukünftiger Rituale. Sei dir darüber klar, daß einige Menschen aus irgendwelchen Gründen für das Ritual nicht offen sind.

Wenn wir diese Rituale gemeinsam entwickeln, lernen wir, die kollektive Energie durch uns hindurchzulassen. Wir erschaffen neue Formen, eine neue Kunst, eine neue Kultur. Wichtig ist vor allem, daß wir dem Ritual einen neuen Sinn geben und es wieder zum Leben erwecken. Wir versetzen uns und andere in die Lage, dem Augenblick, dem Ort, der Gelegenheit entsprechend immer, wenn wir es brauchen, ein Ritual zu schaffen. Unsere Rituale sind ständig lebendig und wachsen weiter. Wir alle haben die Macht, jede Situation zu verändern, wenn wir das wollen, doch zunächst müssen wir die Kraft und die Praktiken entdecken/uns ins Gedächtnis zurückrufen, um damit umzugehen.

Für den *Fluß des kollektiven Rituals* sind wichtig: Zentrieren und

Wecken der Energie, ihr eine Richtung geben und sie erden. Wenn du die individuelle und kollektive Energie der Gruppe nicht zentrierst und aktivierst, ist nichts da, womit du arbeiten könntest. Durch das Lenken der Energie dienst du eurem Ziel. Die Energie zu erden bedeutet, daß du erst in den Alltag zurückkehrst, wenn du dich geistig wieder auf Alltagsdinge einlassen kannst.

Die Energie zentrieren

● Beginne mit einer Zentrierübung oder -meditation wie dem »Energiekreis«, dem Singen von Tönen oder den Namen der Teilnehmerinnen. Erkläre dann den Zweck und die Struktur des Rituals. Erkundige dich, ob es Fragen gibt. Das hilft, das Zögern aufzugeben und sich wirklich beteiligt zu fühlen. Wenn die Gruppe mit Ritualen nicht vertraut ist, dann weise darauf hin, daß jede sich nur soweit einlassen sollte, wie das angenehm für sie ist. Deine Erklärung trägt dazu bei, dem Ritual bei denen das Geheimnisvolle zu nehmen, die das noch nie gemacht haben. Der Einfluß der einzelnen wird klar und jede (auch du selbst) konzentriert sich auf ihr Ziel dabei. Auf psychischer Ebene teilst du den Kräften des Universums mit, daß ihr bereit seid zu beginnen.

● »Das sich öffnende Geburtstor« ist eine gute Möglichkeit zum Zentrieren der Gruppe. So wie bei dem bekannten Kinderspiel stehen sich zwei gegenüber, fassen sich bei den Händen und heben die Arme. Eine dritte tritt zwischen sie, sie lassen die Arme sinken und umfangen sie, wobei sie singen: »Eine Frau hat dich auf die Welt gebracht; Frauen bringen dich in diesen Kreis«. Sie geben ihr einen Kuß. Dann heben sie die Arme, sie geht aus dem Tor hinaus, die nächste geht hinein. Wenn auch sie begrüßt worden ist, bildet sie mit der anderen ein weiteres Tor. Die anderen Frauen folgen nach, werden begrüßt und bilden neue Tore, bis alle, einschließlich der Frauen vom ersten Tor, hindurchgegangen sind. Dann lassen alle die Hände sinken, jede Frau ergreift die Hand der neben ihr stehenden und es entsteht ein Kreis.

● Ihr könnt auch einen Geburtsweg bilden, indem ihr euch mit geöffneten Beinen hintereinander in die Reihe stellt. Nacheinander legt sich jede auf den Rücken und wird von den anderen, die ihren Namen singen, durch den Geburtskanal gezogen. Laßt euch dabei wirklich durch den Geburtskanal hindurchziehen, entspannt euch völlig. Wenn du hindurch bist, bleib einen Moment am Boden liegen und ruhe dich aus. Wenn du soweit bist, stehe auf und stelle dich in die Reihe, damit du der nächsten Frau bei ihrer Geburt helfen kannst.

Die Energie wecken
Dabei helfen eine oder mehrere der folgenden Aktivitäten: Körperarbeit, Töne kommen lassen, singen, tanzen, Musik machen. Glocken sind gut zum Zentrieren, Trommeln zum Aktivieren der Energie. Dann lenkt eure Aufmerksamkeit darauf, die Energie wie beim Energiekreis von einer zur anderen fließen zu lassen.

Der Energie eine Richtung geben
Setzt Bewegung (auch Tanzen), Musik, Worte, Meditation oder Körperarbeit ein, um die Energie umzuwandeln und auf euren Zweck zu lenken. Dieser Vorgang kann sich direkt aus dem Aktivieren der Energie ergeben.

● Beim »Energiekegel« haltet ihr euch im Kreis stehend an den Händen. Bewegt euch im Kreis, anfangs langsam, und stellt euch vor, daß sich im Mittelpunkt ein Energiekegel bildet. Bewegt euch dann schneller und schneller und singt dabei, bis jede das Gefühl hat, daß der Kegel überschäumt und alle sich zu Boden fallen lassen, sich vorstellen und spüren, daß die Energie sich wie ein Springbrunnen über sie ergießt und jede sich nimmt, was sie braucht.

● Füttert einander, reicht Samen, Obst oder Wasser herum, das mit der Kraft der anwesenden Frauen »aufgeladen« wurde. (Du kannst Wasser, Nahrung oder unbelebte Gegenstände aufladen, indem du deine Energie durch Meditation oder Auflegen der Hände dort hinschickst.) Jede Frau füttert eine andere, damit alle spüren können, wie die Nahrung ihren Körper stärkt, um die persönliche oder kollektive Energie entstehen zu lassen, die sie sich wünschen. Jede Frau kann der Gruppe gegenüber im Präsens verkünden, welche Energie sie zu sich nimmt: »Mit diesem Samenkorn lasse ich in mir die Erneuerung meiner Energie wachsen, um (mir und anderen zu geben, was ich/sie brauche/n, Gewalt zu beseitigen usw.). So wie die Samen im Boden wachsen, blühen und Früchte tragen, spüre ich diese Energie in mir wachsen.« Damit können wir das christliche Ritual des Abendmahls umwandeln und uns wieder zu eigen machen. Wir alle sind die »Priesterinnen«, und wir bieten einander Nahrung vom Körper der Erde dar – was das Abendmahl sicherlich ursprünglich bedeutete.

● Schafft einen Altar, indem abwechselnd jede in den Kreis tritt und ihren Beitrag zum Ritual und den Zweck ihrer Teilnahme zum Ausdruck bringt. Dazu legt sie einen Gegenstand in die Mitte und stellt seine Bedeutung in Worten, Bewegung oder einem Lied dar.

● Hebt einander in die Höhe. Dieses im 5. Kapitel beschriebene Gruppenritual ist allgemein gut geeignet, einander Wertschätzung zu zeigen, Vertrauen zu entwickeln, einen sicheren Ort der Zuwendung zu schaffen und heilend zu wirken. Eine Frau legt sich hin, die anderen schieben ihre Hände unter sie (fünf oder mehr Leute können eine Person leicht hochheben). Ganz langsam heben sie sie in Schulterhöhe oder über ihre Köpfe, wiegen sie vor und zurück und singen ihren Namen. Sie lassen sie auf den Boden nieder und machen das nach einer Ruhepause mit der nächsten.

● Salzwasser dient traditionell der psychischen Reinigung. Wenn negative Energie da ist, die die Gruppe beseitigen möchte (zum Beispiel Uneinigkeit zwischen den Teilnehmerinnen, die sich verbal nicht mehr klären läßt), dann reicht eine Schale mit Salzwasser herum. Jede stellt sich vor, daß sie ihre unerwünschte Energie in das Wasser fließen läßt und teilt das der Gruppe mit: »Ich gebe Wut . . . Mißtrauen . . . Konkurrenzgefühle hinein«. Dann trinkt jede Frau von dem Wasser und spürt, wie die Energie – die durch die Salzreinigung zu einer positiven Kraft geworden ist – auf sie und die Gruppe übergeht. »Ich spüre, wie

meine Energie zu Stärke ... Entgegenkommen ... Freude ...
Vertrauen wird«.

● Wenn eine von euch im Mittelpunkt des Rituals steht, dann
macht einen Kreis, faßt euch an den Händen und schickt ihr
Energie. Spürt, wie die Energie im Kreis weiterfließt, wobei jede
gibt, was sie kann und nimmt, was sie braucht.

● Eine gewisse Zeit sollte dafür freigehalten werden, daß eine
Frau ihre Visionen, Ideen oder Gefühle den anderen mitteilen
kann, wenn sie möchte. Ihr könnt einen symbolischen Gegenstand herumgehen lassen, damit deutlich ist, wem die Aufmerksamkeit der Gruppe gilt. Das kann eine Kürbisrassel wie in
Ritualen nordamerikanischer Indianer, ein Zweig, ein Stock,
eine Muschel oder etwas anderes sein, das der Gruppe etwas sagt.
Manchmal beteiligen sich sehr viele, manchmal keine. Wenn das
zuviel Zeit in Anspruch nimmt, kannst du fragen, wie es der
Gruppe damit geht und vorschlagen, mit dem Ritual weiterzuma-
chen und nachher darüber zu reden.

Du kannst auch den größten Teil der Zeit des Rituals dafür zur
Verfügung stellen, daß jede den anderen etwas mitteilen kann.
Das kann die geeignetste Form für euch sein, denn jede ist
gleichwertige Teilnehmerin und Leiterin. Zu sehen, daß alle
Beiträge einander entsprechen, ist sehr aufregend und schön. Es
überrascht mich immer wieder, wie wir irgendwie – magisch,
psychisch – gleiche Themenschwerpunkte haben und wie eine
von uns ein Lied, einen Tanz oder einen Einfall vorschlägt, wenn
der richtige Zeitpunkt dafür gekommen ist.

Abschluß des Kreises
Es ist wichtig, daß die Energie geerdet wird, bevor alle auseinandergehen. Energie aus einem Ritual ist eine sehr wirksame Kraft,
sowohl auf psychischer, psychologischer wie materieller Ebene.
Ein klarer Abschluß ist nötig, um dafür zu sorgen, daß die
einzelnen und die Gruppe nicht mit einem entrückten, abgehobe-
nen Gefühl oder in einem besonderen Zustand fortgehen, in eine
Welt, die damit nichts anzufangen weiß.
Du kannst die Energie mit denselben Mitteln erden, mit denen du

sie geweckt hast – Meditation, Bewegung, Gesang. Wenn du ein ähnliches Element wie zu Beginn des Rituals verwendest, verstärkt das die Empfindung, daß etwas abgeschlossen ist. Konzentriert euch zum Abschluß darauf, die Energie, die aktiviert wurde, zu sammeln, zu zentrieren und in euch aufzunehmen und darauf, euch für konkrete Möglichkeiten zu entscheiden und euch bildlich vorzustellen, wie ihr diese Energie nutzen werdet.

Die Verbindung, die wir zwischen dem rituellen Ort und der Alltagswelt herstellen, ist ein wesentliches Element des Rituals. Ich benutze hierfür immer eine geleitete Meditation:

»Spüre, inwiefern du dich jetzt anders fühlst als vor dem Ritual. Spüre, stelle dir bildlich vor und sieh voraus, wie du dich infolge des Rituals fühlen, wie du handeln und sein wirst . . . wenn du gehst . . . in einer Woche . . . in einem Jahr. Spüre deine Kraft. Was wäre eine konkrete Möglichkeit, die Energie aus dem Ritual aufrechtzuerhalten?«

Um die Energie noch mehr zu erden, schlage ich anschließend eine konkrete Handlung vor, zum Beispiel:

● Das Geburtstor, das sich schließt, ist die Umkehrung des sich öffnenden Geburtstors am Anfang. In diesem Fall sagt ihr: »Frauen haben dich in diesen Kreis gebracht. Frauen bringen dich zurück in die Welt.«

● Beugt euch dann vor und legt eure Handflächen auf den Boden. Stellt euch vor, daß ihr eure Hände und Füße öffnet und alle überschüssige Energie in die Erde hineinfließen laßt. Sie kann sie absorbieren und umwandeln. Dankt der Umwelt.

● Wenn ihr einen gemeinsamen Altar aufgebaut habt, nimmt jede Frau ihren Beitrag zurück und dankt der Gruppe dafür, daß sie ihre Energie in den Gegenstand fließen ließ.

● Sucht Faden, Schnur oder ein Band in passender Farbe aus. (Rot für Menstruation und Kraft, Grün für Frühling und Wiedergeburt – am besten eine Farbe, die dir spontan geeignet erscheint. Ich fühle mich immer stark zu rötlich-violetten Tönen hingezogen.) Zu einem bestimmten Zeitpunkt des Rituals gebt ihr das Band herum. Jede Frau wickelt es der nächsten um die Taille und erklärt (laut oder still), welche Energie sie hervorruft. Fahrt so fort, bis alle im Kreis durch die Schnur verbunden sind. Bindet die offenen Enden zusammen, damit eine Nabelschnur entsteht, die uns alle verbindet. Die Schnur nimmt während des Rituals weiterhin die Energie auf. Ihr könnt eine geleitete Meditation machen, Töne kommen lassen, singen oder abwechselnd sprechen, während ihr von der Nabelschnur umschlungen seid. Wenn ihr das Ritual beenden möchtet, durchschneidet oder zerreißt jede die Nabelschnur. Wenn ihr gesponnenes Garn genommen habt, könnt ihr es aufdrehen und auseinanderziehen, wie manche indianischen Weberinnen das machen. Jede bindet das Stück Schnur der Frau neben ihr um den Hals, das Handgelenk oder die Taille oder gibt es ihr einfach.

Nach dem Ritual nimmt jede Frau ein sehr stark aufgeladenes Erinnerungsstück an die psychische Energie des Rituals mit. Ihr seid mit derselben Nabelschnur verbunden. Es macht Spaß, an anderen die Schnur wiederzuerkennen. Trage die Schnur so lange, wie du dich wohl damit fühlst, wenn du sie abnimmst, bewahre sie an einem besonderen Ort auf, stelle etwas daraus her oder verbrenne sie.

● Ich schließe ein Ritual immer mit einem Energiekreis ab. Erdet und sammelt euch wie zu Beginn des Rituals. Laßt Töne kommen oder singt – laßt eure Kehlen sich von der Energie öffnen, die ihr geweckt habt. Sprecht einen Segen aus, zum Beispiel: »Der Kreis ist offen, doch nicht aufgelöst. In froher Stimmung treffen wir uns, froh gehen wir auseinander und froh treffen wir uns wieder. So sei es.«

Die psychische Energie einer Gruppe zu erleben kann wie eine Tageswanderung sein – begeisternd, reinigend und erschöpfend. Sorgt dafür, daß genügend Zeit zum Ausruhen bleibt, um alle Kräfte in euch aufzunehmen, die ihr belebt habt.

Ein Ritual für gute Zusammenarbeit

Hier beschreibt eine Frau ein Ritual für eine Gruppe von Frauen, mit denen sie zusammengearbeitet hat und bei dessen Planung ich ihr geholfen habe:

Da ich noch nie so etwas gemacht hatte, war ich befangen und etwas gehemmt. Es beschäftigte mich auch sehr, wie meine Arbeitskolleginnen das aufnehmen würden, deshalb wollte ich nicht den Eindruck erwecken, daß ich es allzu ernst nehme. Sharon machte Scherze und nannte mich eine Swami – das Lachen war für uns alle eine Erleichterung.

Unter anderem machten wir das Kerzenritual. Ich ritzte zehn Sterne – einen für jede von uns – in die Kerze, die wir zu Beginn des Wochenendes anzündeten. Ich sagte, daß die Kerze hinunterbrennen und das Wachs aller Sterne zusammenlaufen würde, ein Symbol für unser Einswerden. Für die Kerze, die wir zum Abschluß entzündeten, hatte ich eine bessere Idee: Ich bat jede, ihren eigenen Stern hineinzuritzen!

Außerdem machten wir das Salzwasserritual. Es war überraschend, was jede da hineingab: Wut, Angst, Faulheit, Selbstzweifel, Konkurrenzgefühle . . . Alles Dinge, die an sich nicht zulässig, aber doch bei jeder vorhanden sind, auch wenn wir sie meistens für uns behalten. Wir konnten überhaupt nicht mehr aufhören, die Schale herumzugeben, sie kreiste immer wieder und jede von uns hatte Gelegenheit, sich auszudrücken. Wirklich toll waren die Reaktionen der anderen, als jede ihre »negativen« Seiten preisgab. Bei jeder negativen Stimmung, die in der Schale versank, jubelten die anderen und sagten: »Oh, ja!« und »Ich auch!«

Sehr wichtig war das Schnurritual. Alle trugen ihr Schnurstück noch lange Zeit. Das nächse Mal nehmen wir bessere Schnur, die länger hält. Ich habe meine noch, mit einem besonderen Anhänger daran – es ist wirklich ein gutes Gefühl, sie an mir zu tragen. Ich würde gern weiterhin Rituale gestalten und diese Zusammenkunft zu einem alljährlichen Ereignis werden lassen, denn es hilft uns wirklich, besser zusammenzuarbeiten.

Eigentlich wäre anzunehmen, daß die Teilnehmerinnen unserer Gruppe zu den Leuten gehören, die jeder Art spiritueller Beschäftigung gegenüber die größten Vorbehalte haben. So ging es mir lange. Doch um überleben zu können, suchen und brauchen wir wirklich Solidarität. Nach einer gewissen Zeit der Zusammenarbeit bemerkten wir unser Bedürfnis nach Dingen, die viele von uns bisher abgelehnt hatten, ohne die wir jedoch nicht auskamen, wenn wir wirklich auf einer tiefergehenden Ebene miteinander vereint bleiben wollten. Wir brauchten so etwas wie Rituale, mit denen wir die Erfahrung gemacht hatten, daß sie wirklich etwas *bewirkten*. In den Ritualen symbolisierte und konkretisierte sich die Verbundenheit, die bei unserem Wochenende im Mittelpunkt gestanden hatte. Ich glaube, daß wir fast alle Spiritualität in uns haben, doch nicht wissen, wie wir sie ausdrücken können und es uns auch peinlich ist, weil wir die überkommenen Formen ablehnen. Doch es fehlt uns dabei etwas. Und Spiritualität gefällt vielen. Ich weiß, daß sie mir gut tut und möchte da weitermachen. Beim Leiten der Rituale habe ich eine Menge gelernt. Das nächste Mal bin ich sehr viel sicherer. Für uns alle wird es wahrscheinlich leichter sein.

7 In Harmonie leben

Wenn wir das Feuer in Gang halten,
Bei der Wintersonnwend, neues Leben entfachend
mit Funken aus alter Zeit
aus schwarzen Kohlen aus alter Zeit,
und sie wieder aufglühen sehen,
erschaudernd vor dem Geheimnis,
erkennen wir das Furchterregende der Wiedergeburt.
Elsa Gidlow[27]

Wir nähern uns dem Ende dieses Jahrtausends und erkennen, daß
wir mit anderen Lebensformen zusammen unseren Platz als
Mitgestalterinnen dieser Welt haben. Um zu überleben, müssen
wir lernen, den ganzen Planeten und das übrige Universum zu
erkennen, zu verstehen und mit ihnen zusammenzuwirken. Wir
sind ein Teil der Erde, und unsere allergrößte Schöpfungskraft
liegt darin, daß wir uns nach den Naturkräften richten und mit
ihnen zusammenarbeiten. Diese Kräfte manifestieren sich auf
vielerlei Weise: durch die Energie in unseren Händen, die Zyklen
in der Natur und im Leben der Menschen, die Heilkraft der
Pflanzen, Nahrungsmittel und Elemente, die psychische Energie
der Meditation und die Anwendung unserer Kunst und unserer
Visionen im Alltag.
Frauen, in denen der Mondzyklus wiederkehrt und die Leben
hervorbringen können, scheinen ein instinktiveres Verständnis
für die Zusammenhänge alles Erschaffenen zu haben. Deshalb
befinden wir uns in der Situation, auf der Suche nach ganzheit-
licheren, heilenden Formen des Denkens, Lebens und Handelns
die Führung zu übernehmen. Wir haben die Kraft, zur Wandlung
der Hierarchie beizutragen, in der der Verstand über den Körper,
der Mann über die Frau, der Mensch über die restliche Natur
gestellt wird.

Unser ganzheitliches Selbst

Eine Möglichkeit, dieses Ungleichgewicht zu heilen, ist unsere Selbstheilung. Wir müssen auf allen Ebenen dazu beitragen – mit unserem Körper, unseren Träumen, unserer Geschichte und Mythologie, unseren Meditationen und Ritualen – und diese Arbeit in unsere eigenen Zyklen und die der Natur integrieren. Alle diese verschiedenen Ebenen betreffen unterschiedliche Bereiche in uns. Wenn wir bestimmte Ebenen vernachlässigen, dann vernachlässigen wir Bereiche in uns selbst, und der ganze Mensch leidet darunter.

Das Selbst heilen

● Nimm dir Zeit zum Meditieren.

● Mache Übungen zur Entspannung oder zur Arbeit mit der inneren Ratgeberin oder andere Techniken, die dich in einen meditativen Zustand versetzen.

● Frage dich nach den Faktoren, die deine Gesundheit beeinflussen. In was für einer Situation lebst du? Bist du damit zufrieden oder möchtest du gerne etwas daran ändern? Was für Gefühle hast du gehabt? Woran denkst du? Wie ist es dir gesundheitlich gegangen? Bekommst du genügend Schlaf? Ernährst du dich gut? Hast du Bewegung? Wie war es in letzter Zeit um dein psychisches Wohl bestellt – um deine Träume, Meditationen, deine Intuition? Wie wirkt sich dein spirituelles Leben auf deinen Alltag aus? Auf deine Beziehungen? Auf deine Fähigkeit, Änderungen in der Welt zu bewirken? Wie hängen diese verschiedenen Dinge zusammen? Zeichnen sich irgendwelche Verbindungen zwischen deinen verschiedenen Lebensbereichen ab? Wie kannst du dein spirituelles Leben besser mit deinem übrigen Leben vereinbaren?

Denk an einen anderen Abschnitt in deinem Leben. Nimm das, was dir als erstes einfällt und schau, ob es Parallelen zwischen jetzt und damals gibt.

● Stelle dir vor, daß du in dich hineinschlüpfst und ein Gespräch mit dem Teil von dir führst, dem es nicht gut geht. Was sagt er dir? Wo ist deine Gesundheit blockiert? Was braucht der bedürftige Teil in dir? Möchtest du diese Änderungen vornehmen? Akzeptiere und bestätige die Antworten, die du in dir findest.

● Stelle dir vor, daß du bei jedem Einatmen dem Teil in dir, der heilt oder dich beschäftigt, Wärme und Liebe schickst. Spüre die Verbindung zwischen allen Teilen von dir. Erkenne, daß du ein ganzheitliches, gesundes und schöpferisches Wesen bist. Du *weißt*, daß du ein untrennbarer Bestandteil des gesamten Lebensflusses des Universums bist. Laß dessen Energie durch dich hindurchfließen, dich reinigen, heilen und neu beleben. Stelle dir vor, wie dieses Gefühl der Gesundung den ganzen Raum, das Haus, deine Umgebung, dein Land und den ganzen Planeten erfüllt. Du fängst bei dir an, wendest dich der Welt zu und der Kreis schließt sich wieder an deinem individuellen Platz im Kosmos.

● Wenn du bereit bist, dann berühre deinen Körper überall und spüre die heilende Energie, die du dir selbst gegeben hast. Setze dich allmählich auf und umarme dich selbst.

Meditation über die Elemente

Nach Gandhi bewegen sich in unserem Körper und der Welt um uns herum fünf Grundelemente der Natur: Erde, Luft, Feuer, Wasser und Äther (Raum). Ohne sie können wir nicht überleben. Die meiste Zeit, seit es Menschen gibt, und vor allem in präpatriarchalischen Zeiten, sind sich die Menschen ihrer Abhängigkeit von den Elementen sehr viel bewußter gewesen als wir heute. Du kannst wieder eine gute Beziehung zu den Elementen herstellen. Es hört sich vielleicht altmodisch an, doch es funktioniert!

Erdmeditation
Wir müssen uns im wahrsten Sinne des Wortes täglich erden, indem wir irgendwie in Kontakt mit der Erde kommen, zum

Beispiel, indem wir uns in die Natur begeben – ich nenne das die »reale Welt«.

● Nimm dir Zeit und suche dir einen Ort, um dich in der realen Welt aufzuhalten. Gehe ins Freie, im Park spazieren, iß deine Pausenmahlzeiten dort. Nimm deine Umgebung wahr: Bäume, Pflanzen, den Himmel, Vögel, Gras. Atme ein paar Mal tief durch. Laß beim Umschauen die Farben und das Leben dessen, was du siehst, auf deine Augen, deinen Verstand, deinen Körper einwirken. Trete wirklich mit ihnen in Verbindung, nicht einfach nur hinschauen oder nur in Gedanken bei ihnen oder woanders sein. Laß dich von Mutter Erde nähren. Spüre durch deine Füße den Kontakt zu ihr. Stelle dir eine Schnur vor, durch die du am Nabel mit dem Mittelpunkt der Erde verbunden bist. Laß ihre Energie durch dich hindurchfließen. Sei dir bewußt, daß du Teil von ihr bist und sie Teil von dir. Berühre die Erde. Was spürst du? Wenn du gehst, verabschiede dich von den Bäumen, Blumen, Vögeln, dem Himmel. Danke ihnen, sag ihnen daß du wieder-kommst.

Bewegung ist eine Möglichkeit, so mit der Erde in Verbindung zu sein, wie sie sich in dir verkörpert – durch deinen physischen Leib. Wir brauchen täglich Bewegung, damit unser Blut gut fließt und wir nicht dauernd nur im Kopf sind. Neue wissen-schaftliche Erkenntnisse ergaben, daß nach zehn oder zwölf Minuten intensiver Körperbewegung bestimmte Stoffe im Kör-per freigesetzt werden, die Glücksgefühle hervorrufen. Es gibt unzählige Möglichkeiten, durch Bewegung deinen Blutfluß in Gang zu bringen. Wichtig ist, daß du dich nicht einfach deshalb bewegst, weil es gut für dich ist, sondern weil du dich gut dabei fühlst, weil du Spaß daran hast, weil du etwas dabei erfährst, weil es wie eine Meditation für dich ist. Laß deine Bewegung – Spazierengehen, Gartenarbeit, körperliche Anstrengung, Lau-fen, Tanzen, Kampfsport, Yoga, Schwimmen – zu einem unver-zichtbaren, freudigen Bestandteil deines Lebens werden. Viel-leicht wird das für dich die angenehmste Zeit am Tag.

Luftmeditation
Für die Hindu-Yogis ist Atem oder *Prana* das gleiche wie
Energie. Wir können Stunden und Tage ohne Nahrung, Wasser,
Schlaf oder Licht auskommen, doch Luft können wir nur wenige
Minuten entbehren.

Wenn wir beim Atmen den Sauerstoff aufnehmen, der unseren
Zellen Leben gibt, ist die Energie des Universums in allen
unseren Körperteilen spürbar. Durch Atemwahrnehmung können wir den natürlichen Rhythmus der Atmung wiederentdecken
und unseren Körper mit unserer Atmung erkunden.

Achte darauf, wie du in verschiedenen Gefühlslagen atmest und
wann du deinen Atem blockierst. Wenn du verstimmt bist, dann
denk daran, wie deine Atemenergie freier fließen kann. Stelle dir
vor, daß du deinen Atem in verschiedene Teile deines Körpers
schickst, um eine beruhigende und entspannende Wirkung aus-
zuüben.

● Über das Atmen gibt es viele unterschiedliche Auffassungen.
Das Wichtigste ist, daß du *wirklich* atmest (die meisten von uns
haben eine eingeschränkte Atmung). Laß deiner Wirbelsäule und
deinem Brustkorb Freiheit und nimm wahr, wenn du den Atem
anhältst, atme ein paarmal tief, seufze oder gähne. Wenn du
deiner Atmung ihren eigenen natürlichen Lauf läßt, wirst du
allmählich zu einer volleren Atmung kommen.

● Du kannst deine Atmung direkt zum Heilen einsetzen (siehe
die »grundlegende Entspannungsübung« im 2. Kapitel) wie diese
Frau berichtet: »Als ich vom Baum heruntersprang und mir den
Fuß umknickte, machte ich mich auf große Schmerzen gefaßt,
denn diesen Knöchel hatte ich schon mehrmals verstaucht. Dann
fiel mir ein, daß ich in den Knöchel hineinatmen und ihm alles
Blut, allen Sauerstoff und alle entspannende Energie schicken
konnte. Etwa eine halbe Stunde lang stellte ich mir vor, wie ich in
den Knöchel hineinatmete, und danach war die Schwellung, die
so groß wie ein Tennisball gewesen war, fast völlig zurückgegan-
gen! Nach drei Tagen war der Fuß wieder in Ordnung, sonst hatte
es eine Woche gedauert.«

● Auf die Atmung zu achten bedeutet, sich möglichst oft auf

dem Land, in Parks, in den Bergen, am Meer oder in der Wüste aufzuhalten, wo du frische Luft atmen kannst. Laufe, wandere oder bewege dich dort viel, damit deine Lungen und dein ganzer Körper sich reinigen und wieder ihre volle Kapazität erlangen können.

Wenn du rauchst, finde den Grund heraus, die Bedeutung für dich, wie es deine Atmung beeinflußt und ob du weiterrauchen willst. Ich habe acht Jahre lang geraucht, vier davon eine Pakkung pro Tag. Als mehrere Jahre, nachdem ich aufgehört hatte, bei mir eine Röntgenaufnahme gemacht wurde, war ich überrascht, daß meine Lungen völlig gereinigt waren. Ich führte das zum Teil auf die jahrelangen Yoga-Atemübungen zurück, mit denen ich gleich danach begonnen hatte.

Feuermeditation

Durch die Sonne und den Mond sind das Feuer und sein Widerschein in unserem Leben allgegenwärtig. Die meisten Menschen auf der Welt haben ständig mit natürlichem Feuer zu tun, mit dem sie heizen und kochen. Natürliches Licht ist für das Wachstum und die Gesundheit unabdingbar, denn es regt die Zirbeldrüse und die Hirnanhangdrüse an. Künstliches Licht, das Leben hinter Fenster- und Windschutzscheiben, Fernsehen, Sonnenbrillen, Kontaktlinsen oder Brillen, die verhindern, daß das volle Lichtspektrum unsere Augen trifft, beeinträchtigen unsere Gesundheit.

● Um das natürliche Gleichgewicht deines Körpers soweit wie möglich zu erhalten, verbringe möglichst viel Zeit draußen im Freien, mit möglichst wenig Kleidung und nicht unbedingt in der vollen Sonne. Zuviel Sonne kann ebenso schädlich sein wie zuwenig. Wenn du eine Brille oder Kontaktlinsen trägst, dann laß sie weg, wenn du sie nicht benötigst. Dadurch nehmen die Augen mehr natürliches Licht auf. Nach einer Weile wirst du feststellen, daß du sie seltener brauchst, als du dachtest.

● »Sonne« deine Augen mehrmals am Tag. Schließ die Augen, wende dein Gesicht der Sonne zu und bewege es langsam vor und zurück. Mach das etwa zehnmal. Wende dich danach ab und lege dich mit geschlossenen Augen hin. Dann öffne sie allmählich. Dadurch werden deine Augen dem natürlichen Licht ausgesetzt. Das trägt zu ihrer Entspannung bei, so daß sie mehr Licht hereinlassen.

● Versuche so zu schlafen, daß du vom Mondlicht beschienen wirst. Schlafe nach Möglichkeit im Freien. »Bemonde« deine Augen, indem du sie schließt, dich dem Mond zuwendest und deinen Kopf langsam hin- und herdrehst.

● Meditiere vor einer Kerze. Schau einige Minuten hinein. Stelle dir vor, wie die Kerzenflamme immer größer wird, bis der ganze Raum einschließlich deines Körpers, den du im Licht badest, davon erfüllt ist. Wie fühlst du dich? Was bedeutet das für dich im Hinblick auf das Licht und dein Bedürfnis nach Licht in deinem sonstigen Leben?

Wassermeditation

Unser Körper besteht zum größten Teil aus Wasser. Das Leben ist ursprünglich aus dem Meer hervorgegangen. Wenn wir einen Körperteil in Wasser tauchen, verändern sich dadurch die elektromagnetischen Ströme in unserem Körper. In vielen Kurorten in Europa gehören Bade- und Trinkkuren zur natürlichen Heilmethode, oft werden verblüffende Ergebnisse erzielt.

Hier Vorschläge für deine eigene Kur:

● Nimm ein heißes Bad. Benutze Kerzen, Räucherstäbchen und Musik, um es zu einem Ritual zu machen.

● Nimm eine Dusche oder geh zu einem Wasserfall oder ans Meer. Negativ geladene Ionen, die in Städten sehr gering sind, sind gehäuft in der Nähe von fließendem Wasser vorhanden. Ein Mangel an negativen Ionen kann zu körperlichen und geistigen Krankheiten führen.

● Trink Wasser, am besten Brunnenwasser, gereinigtes Brunnenwasser oder gereinigtes Leitungswasser. Trink vier bis acht große Gläser Wasser täglich (anstatt deinen Durst mit Kaffee, Säften, Milch, Erfrischungsgetränken oder Alkohol zu löschen), das spült alles aus dir heraus und hilft Zystitis verhindern, eine bei Frauen häufig vorkommende Blaseninfektion.

Raummeditation

Während der ersten fünfzigtausend oder mehr Jahre menschlicher Existenz gab es nur sehr wenige Menschen auf dem Planeten Erde. Erst in den letzten paar hundert Jahren hat die Bevölkerungszahl so sehr zugenommen, daß wir uns allmählich gegenseitig im Weg sind. Damit einher geht eine Zunahme an Gebäuden, Maschinen, Lärm und Beton. Der immer kleiner werdende Raum, der jedem von uns zur Verfügung steht, beeinträchtigt unsere körperliche, seelische und geistige Gesundheit. Wir vergessen dabei die anderen Lebewesen, werden zu Egoisten.

Suche nach Wegen, wie du mehr Raum schaffen kannst – sowohl innerlich wie auch äußerlich.

- Verbringe einen Tag allein in einem offenen Raum.
- Meditiere, um deine inneren Räume zu öffnen.
- Überlege es dir gut, bevor du zur Bevölkerungsexplosion und zur wachsenden Zahl von Maschinen beiträgst. Schaffe in deinem Leben Platz für Tiere, Pflanzen, Luft, Wasser, Erde und Himmelskörper.
- Meditiere über den Himmel. Laß dir von ihm einen Ausblick auf dich selbst und die Rolle der Menschen im Universum geben. Laß deine Augen den Horizont entlanggleiten. Schau direkt über dich. Schau andere Bereiche des Himmels an. Was siehst du? Was hat sich gegenüber gestern verändert? Welche Gefühle löst das in dir aus? Kannst du dich erinnern, wie der Himmel aussah, als du klein warst? Erinnerst du dich an ganz besondere Himmel? Wie hat das auf dich gewirkt? Schau bei einem Unwetter den Wolken, dem Schnee, dem Regen, dem Hagel oder den Blitzen zu. Schließe die Augen und spüre deinen inneren Raum. Wie fühlt er sich im Vergleich mit dem Raum dort draußen an?
- Nachthimmel. Gehe an einen Ort, wo die Luft relativ klar ist. Lege dich auf den Rücken und beobachte die Schwärze, die Sterne, die Wolken, den Mond. Was für Gefühle lösen sie in dir aus? Spüre, wie sich ihre Ausdehnung in deinem Kopf, Brustkorb, Bauch, in deinen Gliedern fortsetzt. Fühle die Sterne in dir.

Deine Nahrung

Frauen hatten schon immer eine Beziehung zu Nahrung und zum Nähren, doch in neuerer Zeit wird diese Rolle weniger gewürdigt. Für viele Frauen ist Nahrung zu einem großen Problem geworden, denn von uns wird erwartet, andere zu nähren und uns selbst auszuhungern, damit wir »schön« sind. Um uns zu nähren, müssen wir lernen, auf unseren Körper zu hören. Die folgende Meditation kann dir dabei helfen, zwischen der Nahrung zu unterscheiden, die dein Körper will und deine Seele braucht und der Nahrung, von der du meinst, du »solltest« sie wollen oder die dir durch die Werbung angepriesen wird. Vielleicht stellst du fest, daß es auch Zeiten gibt, zu denen du emotionale Nahrung und nicht Essen brauchst. Du kannst lernen, ein Gespür dafür zu entwickeln, welche Nahrung und welche Mengen zu verschiedenen Zeiten richtig für dich sind.

● Finde einen Ort, wo du in Ruhe essen kannst. Sorge für Nahrung, die du selbst oder Freundinnen zubereitet haben. Du kannst in dein Lieblingszimmer oder ins Freie gehen oder auch zusammen mit anderen ein Picknick machen. Wenn du mit anderen zusammen bist, dann bildet zunächst den Energiekreis, das Essen ist in eurer Mitte. Wenn du allein bist, stelle das Essen vor dich hin, lege es in deinen Schoß oder halte es in den Händen.

● Führe deine Hände über das Essen oder darum herum. Schließe die Augen. Finde deine Mitte, indem du einige Male ruhig und tief atmest und dich dann mit deiner Atmung immer mehr entspannst. Setze dich, halte deine Hände über das Essen und stelle dir vor, daß du in einem Energieaustausch mit ihm stehst. Das hilft, das Gleichgewicht zwischen dir und deiner Nahrung herzustellen, so daß sie von deinem Körper leichter aufgenommen werden kann.

● Danke jeder einzelnen Zutat. Danke der Erde für ihre Gaben. Spüre die Erde unter dir. Laß ihre Energie deine Wirbelsäule hinaufsteigen. Werde dir all der Kraft und des Lebens bewußt, die deine Nahrung hervorbringen: die Mineralien und Nährstoffe im Boden, die Würmer und Insekten, die den Boden anreichern, die Bäume und die anderen Pflanzen, die deiner Nahrung Schatten und Kompost geben, der Mond, die Sonne und der Regen, die ihnen Lebenskraft spenden. Mach dir bewußt, daß du ein Teil der Erde bist – daß sie dich ständig ernährt und deine Knochen, Muskeln, dein Blut, deine Organe, deine Haut und dein Gehirn anreichert. Spüre, wieviel dieser Energie du direkt aus den Elementen aufnehmen kannst.

● Werde dir bewußt, daß wir alle Teile eines fortwährenden Kreislaufs sind: Wir werden von den Pflanzen überall um uns herum ernährt, wenn wir sterben, wird unser Körper als Kompost zur Nahrung für sie, andere Menschen und die Tiere essen die Pflanzen, auch sie sterben, und so geht das immer weiter. Öffne dich diesem endlosen Energiekreislauf. Werde gewahr, daß du ständig wächst, stirbst und wiedergeboren wirst.

● Stimme dich auf die Nahrung ein. Welche Gefühle löst sie in dir aus? Ist dein Körper dafür bereit? Hast du Appetit darauf? Hast du andere Möglichkeiten, dir Nahrung zuzuführen? Was sagen dir deine Reaktionen über deine Eßgewohnheiten und deine Gesundheit?

● Wenn du bereit bist, dann öffne ganz langsam die Augen. Schau dich um. Was siehst du? Wen siehst du? Füttere dich oder füttert euch gegenseitig. Beginnt schweigend. Eßt auf ganz neue Weise – saugt, schmeckt, laßt euch füttern, leckt. Eßt mit den Händen.

● Spüre die Energie der Erde, der Pflanzen und der Sonne, die durch dich hindurchgeht, während du die Nahrung zu dir nimmst. Iß, was du brauchst, worauf du Appetit hast und wann du möchtest.

● Kaue jeden Bissen fünfzig Mal, damit die Nahrung verflüssigt wird und die Verdauungssäfte in deinem Speichel zur Verdauung beitragen können. Trink in kleinen Schlucken. Ein alter Spruch lautet: »Trink, was du ißt und iß, was du trinkst«.

● Mach aus jeder Mahlzeit ein Ritual, bei dem du deinen Körper nährst. Wähle eine Lieblingsschüssel oder einen -teller als rituellen Gegenstand aus. Wenn du mit dem Essen fertig

bist, reinige und trockne dein Geschirr sorgfältig und räume es
weg.

Deine Zyklen

Die zyklische Energie des Universums wiederholt sich in Ebbe
und Flut, im Zu- und Abnehmen des Mondes, dem Wechsel der
Jahreszeiten und der Abfolge von Tag und Nacht. Unsere eigenen
Zyklen von Geburt, Wachstum, Veränderung und Tod sind
Bestandteil der umfassenderen natürlichen Zyklen. Wenn wir
unsere eigenen Zyklen verstehen und im Einklang mit ihnen sind,
ist das eine wichtige Voraussetzung im Umgang mit Energie,
Naturheilkraft und vorbeugender Gesundheitspflege.
In unserer modernen Industriegesellschaft werden natürliche
Kreisläufe fast völlig außer Acht gelassen und man versucht, das
Leben in künstliche, geradlinige Strukturen zu pressen. Wir
können unsere Energie nicht in vollem Maß nutzen, weil wir die
Feinheiten und die Vielfalt der zyklischen Energie, die uns
durchfließt, nicht erkennen. Oft werden wir krank, weil wir
unsere eigenen Zyklen mißachten, oder wir *meinen*, krank zu
sein, weil unsere Energie wechselt.
Wenn du deine Zyklen kennst und weißt, wie du mit ihnen
zusammenwirken kannst, hilft dir das, mehr zu erledigen, dich
nicht zu verausgaben und dein Leben allgemein friedlicher zu
gestalten. Du schwimmst dann sozusagen mit der Strömung
anstatt dagegen. Am deutlichsten zeigen sich Zyklen des Menschen im Mondmenstruationszyklus der Frauen. Neben den
körperlichen Veränderungen kommt es in dieser Zeit auch zu
mehr oder weniger starken veränderten psychischen, gefühlsmä-
ßigen und sexuellen Reaktionen im Zusammenhang mit Regel-
blutung und Eisprung. In nichttechnisierten Kulturen, wie zum
Beispiel bei nordamerikanischen Indianern, hört eine Frau während ihrer Periode häufig auf zu arbeiten, zieht sich in eine
Mondhütte zurück und richtet ihre ganze Aufmerksamkeit auf
ihre erhöhten psychischen Fähigkeiten. Im Patriarchat wurde

dieser »Rückzug« den Frauen allmählich als ein *Tabu* (was wörtlich »heilig« bedeutet) aufgezwungen, und zwar aufgrund der Angst vor der schöpferischen Kraft, die das Periodenblut der Frauen symbolisierte.

In modernen Industriegesellschaften neigen Frauen während der Periode zu Reizbarkeit und schmerzhaften Krämpfen. Dafür gibt es mehrere Gründe. Durch schlechte Ernährung können die Krämpfe schlimmer werden. Haß und Angst gegenüber Frauen und Menstruation führen zu psychologischen und physiologischen Belastungen. Zudem wird zu einem Zeitpunkt, zu dem unser Körper Ruhe braucht und unsere Psyche mehr Aufmerksamkeit erfordert, auf uns Druck ausgeübt, in unserem normalen, nach außen gerichteten Leben voller Streß fortzufahren.

Unsere offenkundigen Zyklen gelten als Schwäche; wir setzen ihnen Widerstand entgegen, geraten in Streß und machen aus einem natürlichen Zyklus eine Krankheit. Wenn wir unsere Menstruationszyklen ignorieren, ist das eines der augenfälligsten Beispiele dafür, wie wir Krankheiten hervorrufen, indem wir unser Leben reglementieren. Und sowohl Männer wie Frauen leiden unter der Mißachtung der Zyklen im menschlichen Leben. Wir können beginnen, Unbehagen zu lindern und für uns selbst in positive Energie umzusetzen, indem wir uns mit unserem Körper und unseren Zyklen vertraut machen, rücksichtsvoll damit umgehen und uns mehr im Einklang mit ihnen befinden.

● Fange an, deine verschiedenen Zyklen wahrzunehmen – Menstruation, Schlaf, Körperenergie, Stimmungen, Sexualität, gedankliche Schwerpunkte, psychische Erlebnisse, Träume. Fertige ein Schaubild mit einer Spalte für jeden Zyklus an, kennzeichne Tage oder Wochen und verwende verschiedene Farben, Zahlen oder Symbole zur Aufzeichnung deiner Veränderungen. Du kannst dir einen Mondkalender besorgen (in Frauen- oder Esoterik-Buchläden), um deine Zyklen mit denen des Mondes zu vergleichen. Wenn du mit deinen eigenen Zyklen vertraut wirst, kannst du dich auf sie einstellen und deine Energie voll genießen, dich besser verstehen und akzeptieren lernen. Versuch deine Schwankungen nicht zu werten; wenn du dich körperlich nicht auf der Höhe fühlst, bietet dir das Gelegenheit, ruhig, nachdenklich oder kreativ zu sein oder eine wichtige Entscheidung zu treffen.

● Verbring den ersten Tag deiner Menstruation so ruhig wie möglich, mit wenig Anforderungen oder Ablenkungen von außen. Wenn du zur Arbeit gehen mußt, dann achte gut auf deinen Körper und seine Bedürfnisse. Bewege dich, strecke dich, atme tief und nimm dir möglichst viel Zeit für dich selbst. Beschäftige dich ausführlich mit deinen Träumen, meditiere, sei kreativ. Laß das eine Zeit sein, in der du deinem innersten Selbst und deiner eigenen besonderen Beziehung zur Natur Aufmerksamkeit schenkst.

Rituale für Naturzyklen

Wenn wir uns unsere Rolle als Schöpferinnen wieder zu eigen machen wollen, bestehen die wichtigsten Voraussetzungen hierfür darin, daß wir die natürlichen Zyklen von Geburt, Wachstum, Tod und Wiedergeburt erkennen, bejahen und respektieren. Diese Zyklen spiegeln sich in den Stadien des menschlichen Lebens, dem Auf- und Untergehen von Sonne und Mond, den Mondphasen und dem Wechsel der Jahreszeiten wider. Die Natur bietet uns zahllose Gelegenheiten, auf diese Zyklen aufmerksam zu werden, sie zu feiern und zusammen mit ihren Veränderungen unsere eigenen zu erleben.

Wenn wir regelmäßig Zyklusrituale praktizieren, hilft uns das, mit dem Energiefluß der natürlichen Welt, in der wir leben, in Kontakt zu bleiben, und das ist eine Verbindung, die wir in unserer hochtechnisierten Welt brauchen. In unseren verschiedenen Lebensabschnitten helfen uns Rituale, unvermeidbare Übergangsphasen sanfter und klüger zu vollziehen. Solche Rituale sind auch eine gute Vorbeugung; wenn wir unsere eigenen Veränderungszyklen erkennen, fördern wir damit unser körperliches, emotionales und geistiges Wohlergehen.

Wenn wir die Zyklen der Erde feierlich begehen, feiern wir damit auch unsere eigenen Zyklen. Im Frühling und Sommer ist unsere Energie mehr nach außen gerichtet. Im Herbst und im Winter wenden wir uns nach innen und ernten die Früchte und Körner, die wir zuvor gepflanzt haben. Die Wintersonnwende schickt uns auf eine innere Reise, damit wir die von außen kommenden Erfahrungen des Frühlings und des Sommers zusammenfügen, verstehen und uns mit ihnen beschäftigen können. Dieses neue Verständnis dient uns im folgenden Frühling und Sommer, dem nächsten Kreis in der Spirale, als Anleitung für unsere Handlungen und Visionen. Wir sind beständig dabei, uns in den Zyklen des Jahres und unseres eigenen Wachstums zu bewegen, zu sammeln, zusammenzufügen und aufzubauen.[28]

Denke bei der Entwicklung eines Jahreszeitenrituals daran, was dir an der Zeit des Jahres oder Monats wichtig ist. Was passiert in der stofflichen Welt, was mit der Erde, dem Mond, der Sonne? Welche Veränderungen machen du oder deine Gruppe durch? Welche Übereinstimmung zwischen den Menschen und der Natur gibt es? Entwickle ein Ritual, mit dem du deine inneren und äußeren Veränderungen feierst. Beziehe Meditation, Bewegung und natürliche Dinge mit ein, die dem Anlaß des Rituals entsprechen. Ich zelebriere die überlieferten europäischen Jahreszeitenrituale, die sich nach dem Erdenlauf richten:

● *Tag- und Nachtgleiche im Frühling:* Um den 20. Mai herum sind Tag und Nacht gleich lang, das ist die Zeit, um Wiedergeburt und die Vereinigung von Persephone und Demeter zu feiern. Symbole: Eier (zu dieser Jahreszeit lassen sie sich auf dem Kopf drehen), junge Triebe, die Farben grün und gelb.

● *1. Mai:* Das Maifest (Beltanefest), Beginn des guten Wetters. Symbole: Maibaum, Blumen.

● *Sommersonnwende:* Um den 20. Juni herum – dem längsten Tag des Jahres und dem Höhepunkt nach außen gerichteter Aktivitäten – kannst du die Mittsommernacht zusammen mit den Naturgeistern feiern.

● *Erntefest:* Der 1. August – Beginn sowohl der materiellen wie der spirituellen Ernte – leitet die Vorbereitungen für das Nach-Innen-Gerichtetsein des Winters ein.

● *Tag- und Nachtgleiche im Herbst:* Um den 21. September herum sind Tag und Nacht gleich lang, das ist der Höhepunkt der Ernte und des Anlegens von Vorräten.

● *Hallomas:* Der 31. Oktober, Beginn intensiverer Dunkelheit, Mond- und Sternenschein – gewidmet Hekate, der Göttin von Nacht und Tod – besonders gute Zeit für psychische Arbeit und zur Transzendenz der Grenzen zwischen der sichtbaren und der unsichtbaren Welt.

● *Wintersonnwende:* Um den 21. Dezember, die längste Nacht des Jahres, eine Zeit, um die stille beschauliche Dunkelheit zu feiern, die Feier zur Wiedergeburt der Sonnengöttin.

● *Lichtmeßtag:* Der 2. Februar – die Tage werden schnell wieder länger – ist die Zeit für Initiationen.

Hier ein Beispiel für eine Anrufung bei der Wintersonnwend:
»Die Sonnengöttin, Juno Lucina von Rom, Atthar von Arabien, Amaterasu von Japan, ist wiedergeboren! Von der Wintersonnwend an steigt sie höher und höher am Himmel auf. Mit ihrem Fest feiern wir die Zyklen der Erde, den Winterschlaf der Tiere und die intensive Energie der Samen, die sich darauf vorbereiten, aus dem Erdreich hervorzubrechen. Bei dieser Wintersonnwend blicken wir zurück auf die Sommersonnwend, fühlen unsere Stärke und merken, wie wir gewachsen sind und weiterhin wachsen werden. Wir fühlen unsere Kraft, unsere Schönheit und unsere Macht! Die Göttin in uns allen ist für einen neuen Zyklus wiedergeboren.«[29]

Geburtsritual

Geburtsrituale sind wahrscheinlich die ältesten Frauenrituale. Anstelle der modernen Geburtspraxis müssen wir neue Rituale schaffen, damit Frauen so bewußt wie möglich gebären können.

Dieses Ritual von Carolyn Achaffer und mir wird zelebriert, kurz bevor eine Frau ein Kind zur Welt bringt oder ein schöpferisches Projekt vollendet. Enge Freundinnen der Frau stellen sich darauf ein, bei ihr zu sein. Jede stimmt sich vorher für sich durch eine Meditation über das Wesen der Geburt, die Veränderungen in ihrem eigenen Leben und ihre Beziehung zur Mutter und dem erwarteten Kind ein. Dadurch bekommt die Mutter Gelegenheit, innezuhalten und sowohl innerlich wie auch unter der ihr zufließenden intensiven Aufmerksamkeit ihrer Freundinnen der Tatsache gewahr zu werden, daß ihr ein bedeutsamer Übergang bevorsteht.

● Du brauchst folgendes: ein Knäuel rote Wolle oder Band, Maismehl, einen Waschlappen und eine Schüssel zum Waschen, die Haarbürste der Mutter und hartgekochte, geschälte Eier. Lege die Eier über Nacht in gekochte Rote-Bete oder Rote-Bete-Saft. Die Gäste können auch Essen zum Teilen und Geschenke für Mutter und Kind mitbringen. Während des Rituals trägt die Mutter ein Hemd, das sie auch bei der Geburt anhaben wird.

● Wenn alle da sind, dann stimmt euch ein, indem ihr euch bei den Händen haltet. Eine Frau erklärt der Gruppe den Verlauf des Rituals. Nehmt das Wollknäuel und laßt es im Kreis herumgehen, bis ihr alle verbunden seid, ruft die Kraft der psychischen Nabelschnur an, die alle Anwesenden verbindet, und die Fähigkeit der Frau zu gebären.

● Danach reibt eine Frau die Füße der Mutter mit Maismehl ein, eine andere bürstet ihr Haar. Das ist eine Sitte der Ureinwohner Amerikas, und die Frauen sagen, daß sie sich dadurch zu einem Zeitpunkt, wenn sie soviel Nahrung geben und in der Vorbereitungszeit darauf, sehr gut genährt und versorgt fühlen. In dieser Zeit können ihre Freundinnen sie darin bestärken, wie stark sie ist und wie fähig, Liebe zu empfangen. Die Mutter mag vielleicht ihre Gefühle hinsichtlich der Geburt aussprechen und von der Gruppe Unterstützung empfangen. Abschließend werden ihre Füße gewaschen.

Reicht die Eier in einer Schüssel herum, jede nimmt sich eines. Jede Frau hält ihr Ei in der Hand und meditiert darüber, was das

Ei repräsentieren soll. Bei der Mutter beginnend wird die Schüssel herumgereicht und jede Frau schneidet ihr Ei hinein. Dabei spricht sie aus, welche Kräfte sie für die Mutter, das Ungeborene und alle Anwesenden anrufen möchte. In Rote-Bete-Saft gefärbte Eier sind schön, nehmt euch also genug Zeit, damit jede Frau den Anblick genießen kann.

● Wenn alle fertig sind, könnt ihr euch sitzend bei den Händen halten und Töne kommen lassen oder singen, über die Geburt neuer Energien meditieren, die jede von euch in ihrem Leben erfährt.

● Dann reicht ihr die Schüssel mit den Eiern herum, jede Frau füttert ihre Nachbarin.

● Beendet das Ritual, indem ihr das Garn zerreißt, das euch verbunden hat, und bindet es euch um die Taille oder das Handgelenk. Dann könnt ihr die Feier mit dem Austausch von Geschenken, gemeinsamem Essen, Gesprächen, Singen und Tanzen oder Massage fortsetzen.

Mondrituale

Viele Frauen stimmen ihre Rituale auf die Mondzyklen ab. Neumond ist eine Zeit für Neuanfänge, die erste Mondsichel kannst du gleich nach Sonnenuntergang im Westen sehen. Bei Vollmond, der bei Sonnenuntergang aufgeht, kannst du Rituale zum Feiern und Abschließen eines Zyklus durchführen.
Tausende von Jahren wurde das Menstruationsblut von Frauen als Symbol ihrer offenkundigen Verbindung mit Himmelskörpern, ihrer Fähigkeit zu bluten, ohne zu sterben, und ihrer lebenspendenden Kräfte verehrt. Diese Kräfte sind so immens, daß sich im Patriarchat der Respekt in Angst verwandelt hat. Die ursprüngliche Bedeutung von *tabu* – »heilig« – ist zu »verboten« geworden. Ein wichtiger Schritt, uns unsere spirituelle Macht und das Wissen und den Umgang mit unserem Körper wieder anzueignen, besteht darin, daß wir lernen, unser Menstruationsblut nicht zu verachten oder zu fürchten. Wenn ein junges

Mädchen seine erste Menstruation bekommt, dann sollten wir sie willkommen heißen, wie Frauen in traditionellen Kulturen das tun: mit Ritualen, Glückwünschen und Feiern.

Ihr könnt euch entweder in ganz privatem Kreis zurückziehen oder auch die Reifung des Mädchens zur Frau öffentlicher feiern. Mutter und Tochter können zusammen mit anderen Frauen (manchen Mädchen fällt es leichter, mit Frauen zu reden oder etwas von ihnen zu lernen, wenn sie nicht zur Familie gehören) an einen ungestörten Ort, möglichst auf dem Land, gehen. Plant am besten eine dreitägige Zusammenkunft bei Neumond oder Vollmond. Haltet euch soviel wie möglich im Freien auf, vielleicht bleibt ihr eine Nacht bei Vollmond wach. Diese Zusammenkunft kann ganz ohne Programm verlaufen, die Hauptsache ist die Zeit, die ihr miteinander verbringt, eure Gespräche und das Bewußtwerden der Zyklen im menschlichen Leben und in der Natur. Die älteren Frauen erzählen vielleicht von ihrem Leben, ihrem Übergang zum Frauwerden, von Freuden und Schwierigkeiten, wichtigen Frauen in ihrem Leben und ähnlichen Dingen. Auch die jüngeren Frauen können das tun und außerdem über das reden, was sie im Augenblick durchleben, über ihre Hoffnungen und Ängste für die Zukunft. Ihr könnt die Zusammenkunft mit einem Ritual und einem Festessen beenden. In Bali wird den Mädchen Nahrung angeboten, die für die ganzen Möglichkeiten der Lebenserfahrungen stehen: süß, bitter und so weiter.

Wenn ihr wieder nach Hause zurückkehrt, möchtet ihr vielleicht in größerem Kreis diesen Übergang zum Frausein mit einem Ritual, einem Fest, einem Gespräch über die Verantwortung und die Vorteile oder irgendeinem anderen Ereignis, über das ihr euch geeinigt habt, feierlich begehen. Frauen, die an solchen Zusammenkünften und Zeremonien teilgenommen haben, finden, daß die Verständigung miteinander dadurch wesentlich besser wird und daß sich besonders die Auswirkungen der dreitägigen Zusammenkünfte über die Jahre hinweg bemerkbar machen.[30]

Ritual für das Altern

Das folgende Ritual hat Mary Lee George entwickelt, um dadurch ihr Altern von einer reifen Frau zur alten Frau zu akzeptieren und zu bejahen:

Ich zündete drei Kerzen an – eine weiße für Jugend, eine rote für die mittleren Jahre und eine schwarze für das Alter. Ich tanzte für eine kleine Gruppe von Frauen, die ich eingeladen hatte, an meiner Zeremonie teilzunehmen. Als der Tanz vorbei war, blies ich alle Kerzen aus, so daß wir im Dunkeln saßen. Wir meditierten darüber, im Dunkeln zu sein.

Jede Frau hatte eine Kerze bekommen, um wieder aus der Dunkelheit herauszukommen. Ich zündete meine Kerze an und gab ihre Flamme an die Frau neben mir mit den Worten weiter: »Ich bin eine Frau und ich gebe dir schöpferische Energie«. Die Frau mit der zweiten brennenden Kerze gab die Flamme an die neben ihr sitzende Frau weiter und wiederholte: »Ich bin eine Frau und ich gebe dir Gelassenheit (oder was der Frau gerade in den Sinn kam, von dem sie meinte, es zu brauchen/zu wollen). Die Flamme und der Satz: »Ich bin eine Frau und ich gebe dir...« gingen weiter im Kreis herum, bis sie wieder bei mir angelangt waren und jede Frau eine brennende Kerze in der Hand hielt.

Wir ehrten viele alte Frauen, die für unser Leben bedeutsam gewesen waren, sowohl verstorbene wie noch lebende. Ich bat darum, daß die Energie der verstorbenen alten Frauen uns segnen und bei uns sein möge. Ich sandte den noch lebenden alten Frauen Energie und bat darum, daß ihre Energie bei uns sein möge. Jede von uns, die gern eine alte Frau ehren wollte, sprach laut ihren Namen aus und sagte etwas über sie. Viele von uns nannten ihre Mütter, Großmütter und Tanten. Danach teilten wir uns gegenseitig unsere Ängste und Hoffnungen im Hinblick auf das Altwerden mit. Ich sprach über den Schmerz und auch die Vorteile, die das Altsein mit sich bringt. Meine Freundinnen überreichten mir Symbole, die sie mir zur Erleichterung meines Übergangsstadiums mitgebracht hatten: darunter waren einige schwarze Kerzen, ein Schlangenarmband aus einer Wurzel, eine Pflanze, Wein und ein wunderschönes Farbfoto von einem Pilz, den ich Venus von Willendorf nenne. Anschließend tranken wir Kräutertee und sangen.

Der Tod ist eines der wichtigsten Übergangsstadien unseres Lebens. In vielen Gesellschaften, wie zum Beispiel im heutigen Tibet, im alten Ägypten und in den Catal-Hüyük-Kulturen, scheint der Tod ein wichtiges Ereignis darzustellen, auf das sich jeder bewußt und ohne Angst vorbereitet. Doch in den meisten modernen Todesritualen, in denen nur noch Friedhofsverwaltungen und Beerdigungsunternehmen eine Rolle spielen, wird mit den starken emotionalen und psychischen Aspekten des Todes sehr unzureichend verfahren.

In unserer Kultur wird die Angst vor dem Tod geschürt, es gibt eine gewaltige medizinisch-technologische Industrie, die unser »Leben« auf wirtschaftliche, emotionale, körperliche und psychische Kosten verlängert, die Kosmetik- und Schönheitsindustrie, die Jugendlichkeit in den Vordergrund stellt und die Beerdigungsunternehmen, die vom Moment des Todes ab an der Reihe sind. Auf spiritueller Ebene hält uns unsere Angst vor Veränderungen, vor psychischem Tod und Wiedergeburt von persönlichem Wachstum, Weiterentwicklung und politischem Handeln ab.

Über den Tod wird meist erst gesprochen, wenn er eingetreten ist, und dann in Unkenntnis und mit Angst. Leichenbestatter kümmern sich um die körperlichen Belange, Priester um die geistigen, die Hinterbliebenen sitzen hilflos da und haben wenig Gelegenheit, ihre Gefühle zum Ausdruck zu bringen. Insbesondere wird der Tod ausschließlich als Ende und Verlust betrachtet und nicht als der Wandel und die Erneuerung, die er darstellt. Die Verbindung von Tod mit Geburt und Wiedergeburt ist uns abhanden gekommen. Im Tod kehren wir in den Mutterleib der Erdmutter zurück, um wieder in die gesamte Energie des Universums einzugehen. Da wir uns dieser Kraft so entfremdet haben, wissen wir nichts vom Tod und haben Angst davor, ebenso wie vor dem Kosmos selbst. Über den Tod zu reden ist schwierig, denn wir wissen so wenig darüber. Ein Teil unserer Arbeit besteht darin, den Tod zu verstehen und mit ihm zu leben, damit wir das Leben besser leben und begreifen können.

Ein wichtiger Anfang besteht darin, daß wir uns unsere Todesrituale wieder zu eigen machen. Ich erlebe, wie Frauen in einer Weise den Tod ritualisieren, die in ihrer schöpferischen Kraft überwältigend schön ist. Das Hauptgewicht liegt darauf, den Tod zu verstehen, den Sterbenden zu helfen, so bewußt und furchtlos wie möglich zu bleiben und die Energie auf die Gestorbenen zu richten. Wir lernen, unsere Emotionen in ihrer ganzen Fülle auszudrücken und zu achten – Verletzung, Schock, Wut, Schuld, Kummer, Verlust, Vorwürfe.

Ein Todesritual zelebrieren

● Setz das Ritual für den dritten Tag nach dem Tod an. In vielen Mythologien gilt dieser Tag als der Zeitpunkt, zu dem die Trennung der Geist/Seele/Energie abgeschlossen ist. Dieser Zeitraum entspricht auch dem dreitägigen »Tod« des Neumondes. Wenn das Ritual zu diesem Zeitpunkt nicht möglich ist, macht das nichts. Der Inhalt ist wichtiger als der Zeitpunkt. Wenn einige Betroffene nicht beim Ritual anwesend sein können, dann bitte sie, dort, wo sie gerade sein werden, ruhig dazusitzen, zu meditieren und auf diese Weise an eurem Kreis beteiligt zu sein, wenn ihr ihn abhaltet.

● Bitte alle Teilnehmer, etwas zum Teilen mitzubringen. Das kann etwas Gegenständliches oder Nichtgegenständliches sein – ein Gedicht, ein Lied, eine Erinnerung, eine Meditation, ein Gegenstand und ähnliches. Bei einem Ritual hatten wir für die Frau des Verstorbenen alle einen Talisman mitgebracht, der ihr helfen sollte, den Leichnam zur Familie des Mannes zu begleiten und das Begräbnis durchzustehen. Vielleicht möchtet ihr euch besonders kleiden und besonderes Essen mitbringen. Bereitet den Ort vor, indem ihr ihn reinigt, dort meditiert, mit Räucherwerk herumgeht usw. Entledigt euch aller Vorstellungen darüber, was passieren wird oder passieren sollte.

● Wenn alle da sind, setzt euch in einen Kreis und faßt euch bei den Händen. Jede Teilnehmerin bringt sich kurz ein, indem sie sagt, wie es ihr geht. Eine von euch leitet die anderen in einer Meditation dazu an, negative Gefühle in positive umzuwandeln

(Kummer ist nicht unbedingt negativ). Richtet eure Aufmerksamkeit auf die verstorbene Person. Konzentriert euch darauf, wo sie sich jetzt befindet – entweder als Person, Seele oder eher als amorphe Energie. Was ist das Wesen ihrer Energie? Stellt euch vor, wie sie sich ihrer Vergangenheit entledigt. Laßt sie wiedergeboren werden. Jede kann laut aussprechen, was sie empfindet, damit eine gemeinsame Vision entstehen kann.

● Richte deine Bemühungen darauf, der Person durch dieses Übergangsstadium hindurchzuhelfen. Wenn das abgeschlossen erscheint, dann bringt den Kreis wieder zum Gewahrsein zurück und konzentriert euch dieses Mal darauf, Energie für diesen Übergang zu empfangen. Spürt, was in euch stirbt und wiedergeboren wird.

● Jede Teilnehmerin hat dann die Möglichkeit, auszusprechen, welcher Teil von ihr oder ihrer Beziehung zu der Verstorbenen jetzt vollständig und was neu entstanden ist. Laßt die Energie zu, die neues Leben in euch hineinströmen läßt. Wenn ihr soweit seid, dann beschließt die Meditation und öffnet die Augen. Umarmt euch, massiert eure Schultern und teilt euch eure Gefühle mit.

● Als nächstes tragt ihr zusammen, was jede zum Ritual mitgebracht hat. Aus dem Ritual wird allmählich ein loses Beisammensein. Freut euch darüber, feiert eure neue Wiedergeburt und besonders euer Gemeinschaftsgefühl. Denkt an den irischen Leichenschmaus. Ehe ihr auseinandergeht, haltet euch im Kreis bei den Händen, um euch zu sammeln und die Energie zu erden.

Dieser Ausschnitt aus meinem Tagebuch ist eine Beschreibung meiner ersten Reaktionen auf ein Todesritual:

Glenna ist umgebracht worden, von einem Dieb durch die Brust geschossen. Ich kann es kaum fassen. *Warum?* Es ist, als wäre mein ganzes Universum erschüttert. Zorn, Wut, Schock, Ungläubigkeit, Liebe, Hilflosigkeit, Kummer, Entsetzen sind so wirklich. Ich befinde mich in einer Welt tobender Emotionen und weiß nicht, wie ich damit umgehen soll.
Glenna – 23 Jahre. Wir waren so froh darüber, sie als Freundin

gewonnen zu haben und begeistert über ihre übersinnliche Empfänglichkeit. Sie hat vielen von uns geholfen, und auch wir begannen, ihr
Leben mit neuen Erfahrungen zu bereichern. Einige von uns bereite-
ten ein Ritual für sie vor, auch um Briana, ihre Schwester, zu
unterstützen, die ihr behilflich war und ihren Körper jetzt zu ihren
Eltern zurückbegleitet.
Wir treffen uns bei mir. Einige kennen sich nicht. Wir bilden einen
Energiekreis, und jede sagt kurz, wie es ihr geht. Dann meditieren
wir gemeinsam, um uns darauf zu konzentrieren, Glenna Energie zu
senden.
Ich sehe Glenna vor mir. Erstaunlicherweise sieht sie glücklich aus.
Sie sagt mir, daß es ihr gut geht, daß sie sich von Kummer
zurückgehalten fühlt, das nicht möchte – sie möchte ihren Weg
fortsetzen. . . . Wir reden eine Weile miteinander. »Glenna, ich liebe
dich«, sage ich und spüre, wie ich sie loslassen kann.
Dann stellen wir uns gemeinsam vor, wie wir Briana und uns selbst
Energie zufließen lassen. Nach der Meditation reden wir miteinander, tauschen das, was wir in der Meditation erlebt haben und
Geschichten über Glenna aus. Judy, die normalerweise nicht so
optimistisch wie ich ist, überrascht mich, als sie sagt, daß sie auch
meditiert hat und ihr dabei klargeworden ist, daß Glenna sich an
einem guten Ort befindet. Judy war genauso überrascht wie ich.
Ich »glaube« nicht an ein persönliches Weiterleben nach dem Tod
und dachte, daß »in Verbindung mit den Toten treten« nichts als
Hokuspokus sei, damit es den Hinterbliebenen besser geht. Doch
wie soll ich mein Erlebnis leugnen? Es geschah so ganz das Gegenteil von dem, was ich erwartet hatte. Ich *spürte* die Verbindung
zwischen mir »Lebendiger« und der »toten« Glenna. Unser Sein ist
zu stark, um von unserem Körper umschlossen zu werden. Ich weiß,
daß unsere Meditation Glenna geholfen hat und habe das Gefühl,
daß auch sie uns eine Menge Energie gegeben hat. Ich empfinde eine
solche Nähe zu den Frauen, die bei dem Ritual dabei waren, auch zu
denen, die ich nicht kenne. Wir haben etwas sehr Tiefgehendes
miteinander erlebt, und es ergab sich, daß wir die zusammen
verbrachte Zeit gelassen bei gemeinsamem Essen genießen konnten.
Eine ganz neue Art, mit dem Tod umzugehen und eine Aufgeschlos-
senheit gegenüber ganz neuen Möglichkeiten der Wiedergeburt tun
sich in mir auf. Ich bin von unserer Gemeinsamkeit tief bewegt und
voller Ehrfurcht.

»Letzte Möglichkeit für Gesänge«

Im Dezember 1976 fand in San Franzisko eine Konferenz über
Gewalt gegen Frauen statt. Diese Konferenz war bemerkenswert,
sowohl was das Spektrum der Frauen aller Altersklassen, Schichten, Rassen und ihrer Herkunft anbelangt als auch in Bezug auf
die Gemeinsamkeit und die sich daraus ergebenden Aktionen.
Tausend Frauen nahmen daran teil, es gab Vollversammlungen
und Workshops, die sich mit 30 Bereichen der Gewalt gegen
Frauen beschäftigten – dazu gehörten Vergewaltigung, Kinds-
mißhandlungen, Gewalt im Gesundheitswesen, Gewalt gegen
Frauen in der Dritten Welt, Frauen in Haft, ältere Frauen,
Heranwachsende, Lesbierinnen, Gewalt in der Religion, psychische Handlungen gegen Gewalt, Gewalt in der Psychiatrie,
Pornografie, Selbstmord und Gewalt unter Frauen. Die Organi-
satorinnen, denen daran lag, das Spirituelle mit dem Politischen
zu vereinen, baten Margo Adair, Batya Podos, Starhawk und
mich, ein gemeinsames Ritual als Abschluß der Konferenz zu
entwickeln.

Dieses Ritual ist ein deutliches Beispiel dafür, wie eine Vielfalt
persönlicher und gemeinsamer Meditationstechniken individuel-
ler und kollektiver Veränderung dienen kann. Wir vier hatten
einen ganz unterschiedlichen Erfahrungshintergrund. Wir hatten
noch nie etwas zusammen gemacht. Wir bedienten uns der Mittel
weiblicher Spiritualität, indem wir bei jedem Treffen in einem
Kreis Energie sammelten und austauschten, Körperarbeit machten und meditierten, damit unsere Unterschiede in den Hinter-
grund traten und wir als Einheit zusammenarbeiten konnten.

Wir mußten uns für eine straffe Struktur entschließen, da für das
Ritual nur 20 Minuten zur Verfügung standen. Jede von uns
schrieb Worte auf, die wir gemeinsam oder abwechselnd singen
wollten. Batya stellte aus Pappe ein meterlanges Schwert her, das
sie mit Schmuck und Goldbronze verzierte, »damit es so verfüh-
rerisch wie möglich würde«. Bei der Planung des Rituals wurden
wir uns der psychischen Macht von tausend Frauen bewußt, die

ein Wochenende damit verbrachten, ihre Aufmerksamkeit der Gewalt und dem Umgang damit zuzuwenden. Wir wußten, daß die Situation emotional aufgeladen war und verschiedene Richtungen nehmen konnte. In der Vergangenheit haben wir Frauen Wut oft gegen uns selbst, unsere Kinder und gegeneinander gerichtet oder ihr in gelegentlichen Ausbrüchen gegen das Patriarchat Luft gemacht.

Wir spürten, wie wesentlich es war, die Gewalt, mit der wir zu tun hatten, umzuformen, und unserer Wut eine gesammelte, rituelle Richtung zu geben. Außerdem hatten wir alle schon mindestens eine Konferenz, auf der intensiv gearbeitet wurde, völlig verwirrt und erschöpft verlassen. Wir wollten, daß die Frauen diesmal voller Energie und Klarheit heimgingen. Außerdem wollten wir zu einer Erfahrung hinführen, in der die Verbindung zwischen der Konferenz und unserem Alltag deutlich wurde.

Die letzte Vollversammlung fand im Untergeschoß einer Kirche statt. Es kam zu einem wachsenden Gefühl der Geschlossenheit, als jede Arbeitsgruppe ihre Ergebnisse mitteilte. Anschließend begannen wir mit dem Ritual. Wir waren von Scheinwerfern, Mikrofonen und Videogeräten umgeben – das waren nicht unsere gewohnten rituellen Hilfsmittel.

Stelle dir beim Lesen vor, daß du dich mit mehreren hundert Frauen nach einem schmerzlichen, intensiven und erhellenden Wochenende voller persönlicher und gemeinsamer Erfahrungen der Gewalt gegen Frauen und Möglichkeiten für Gegenmaßnahmen in einem großen Saal befindest. Stelle dir vor, daß du das Ritual miterlebst. Nimm in Gedanken an den Gesängen und Meditationen teil. Spüre, wie die Kraft dich durchfließt:

Hallie: Wenn die Vorstellung, an einem Ritual teilzunehmen, dir nicht geheuer ist, weil dich das an Kirche erinnert, dann räume diesem hier eine Chance ein. Dieses Mal führen Frauen es durch. Wir haben an diesem Wochenende sehr viel Energie freigesetzt. Wut ist ein wichtiges Gefühl, und dies ist kein Ritual – wie viele patriarchalischen Rituale – um diese Wut auf psychischer Ebene so zu kanalisieren, daß sie in die Aktionen münden kann, über die wir an diesem Wochenende gesprochen haben. Anstatt uns von unserer Wut in ihrer ganzen Intensität lähmen zu lassen oder sie gegen uns selbst und gegeneinander zu richten, können wir diese Wut dazu nutzen, eine Welt ohne Gewalt aufzubauen.

Wir bitten alle, so nahe wie möglich in konzentrischen Halbkreisen um die Bühne herum zusammenzustehen, damit wir einander berühren und einen kontinuierlichen Energiefluß im Raum aufrecht erhalten können.

Dieses Ritual schafft einen Übergang von einem intensiven Wochenende in unser Alltagsleben. Es bietet die Gelegenheit, die Energie psychisch umzuwandeln und uns selbst zugute kommen zu lassen, Gewalt zu bekämpfen und Frieden zu schaffen, uns um uns selbst und umeinander zu kümmern. Wichtig ist, daß wir uns selbst vertrauen, unserer Kraft und unserer Weisheit im Umgang mit dieser Kraft.

Wir werden zunächst unsere Energie wecken und dann auf das Schwert, das allgemeine Symbol für Gewalt, lenken. Dann zerbrechen wir das Schwert, um die Energie freizusetzen. Durch diese Handlung wird die Gewalt in die Form umgewandelt, die jede von uns wählt. Abschließend werden wir gemeinsam eine Vision einer Welt erschaffen, die durch die von uns geweckte Kraft entstanden ist und damit unsere Stärke feiern. Beteilige dich nur an dem, was dir angenehm ist.

Nimm dir ein paar Minuten Zeit, in deine Mitte zu kommen, indem du deiner Atmung Aufmerksamkeit schenkst. Spüre den Kontakt deiner Füße zum Boden und die Verbindung zur Erde.

Starhawk: Ich werde euch einen Gesang vorlesen und auf euer Echo lauschen. (Während Starhawk die einzelnen Sätze liest, antworten die Stimmen der Frauen.) Wir sind Schwestern! Wir sind Mütter! Wir sind Liebende! Wir sind Arbeiterinnen! Wir sind Lehrerinnen! Wir sind Heilerinnen!

(Am Anfang fließt die Energie nur zögernd. Die meisten haben noch nie an einem feministischen Ritual teilgenommen. Allmählich entsteht mehr Dynamik, bis in der Vielfalt ein starkes Gefühl der Einheit erwacht, als Hunderte von Frauen Starhawks Worte rufen:)

Wir waren hungrig; wir sind überfüttert worden; wir sind alt und erschöpft; wir sind jung und tatkräftig; wir sind krank und leiden; uns geht es gut und wir sind stark; wir sind schwarz, braun, weiß, wir sprechen verschiedene Sprachen, wir verstehen uns ohne Worte.

Wir sind entzweit worden, doch wir sind Schwestern. Wir sind ermordet und vergewaltigt worden – doch wir sind Mütter. Wir wissen, was Haß ist – doch wir sind Liebende. Wir haben Zerstörung

192

gespürt – doch wir sind Arbeiterinnen. Wir sind dumm gehalten worden – aber wir sind Lehrerinnen. Wir haben Gewalt kennengelernt, aber wir sind Heilende. Wir sind Frauen; gemeinsam sind wir stark.

Wir haben die Macht, die Gewalt zu beenden. Wir haben den Mut zu lieben. Wir haben die Kraft, Leben auf die Welt zu bringen.

Starhawk (allein): Wir finden uns zu Kreisen zusammen – zu kleinen Kreisen – kleinen Gebärmüttern. Streckt zusammen eure Hände aus, legt eure Hände auf den Bauch eurer Schwester und spürt den Lebensursprung. Ursprung nicht nur der Kinder, sondern der ganzen Schöpfung, aller Wandlung aller Veränderung! Spürt die Kraft, die Leben werden läßt.

Atmet zusammen und werdet eins. Atmet zusammen und laßt euren Schmerz heraus. Atmet zusammen und fühlt euer Leiden. Atmet ein . . . und aus. Atmet ein . . . und aus. Atmet ein . . . und aus.

(Bald atmen alle Frauen in diesem großen Saal gemeinsam. Zwei Frauen treten hervor und nehmen den Besen, an dem das Schwert hängt. Es pendelt über unseren Köpfen, dreht sich langsam, der Schmuck reflektiert das Licht.)

Batya: Das Symbol des Schwertes ist ein Symbol für Vergewaltigung, Gewalt, Krieg. Das Symbol des Schwertes ist das Symbol jener, die erobern, die Macht ausüben, die besitzen und einkerkern . . . Dieses Schwert steht für die Vergewaltiger und Zerstörer, für die, die uns unterdrücken und uns Gewalt antun. Richten wir unsere Energie auf dieses Schwert als ihr Symbol. Dieses Schwert soll unsere Wut und unseren Zorn aufnehmen. Laßt unsere Wut und unseren Zorn in dieses Schwert fließen, und wenn es zerbricht, dann soll auch das Patriarchat, für das es steht, mit ihm zerbrechen.

Hallie (Gesten machend): Geht dreimal vorwärts, und jedesmal werft ihr eure Arme nach vorn, als würdet ihr eure Wut und euren Zorn in das Schwert hineinwerfen. Wenn das Schwert zerbrochen ist, dann spürt, wie eure eigene Energie – jetzt in umgewandelter Form – zu euch zurückkehrt.

(Über mehrere lange Minuten hinweg schleudern Hunderte von Frauen ihre Wut gegen das Schwert. Die Halle ist von Stampfen, Schreien, Rufen und Weinen erfüllt. Später erfuhren wir, daß über uns ein Gottesdienst stattfand. Das Schwert dreht sich. Eine Frau tritt aus dem Kreis hervor, ergreift das Schwert, zerbricht es über ihrem Knie und wirft es auf den Boden. Die Frauen jubeln und applaudieren. Ein kleines Mädchen und ein kleiner Junge heben die Reste auf und fangen an, damit zu spielen.)

Hallie: Spürt die Energie zu euch zurückkehren, spürt, wie sie durch euer Blut und eure Knochen zurückfließt, durch jede Zelle eures

Körpers ... Spürt, wie sie euch in ihrer Ganzheit und Kreativität durchströmt, sie steht euch zu eurer freien Verfügung ... Laßt zu, daß sie euch von all dem befreit, das ihr loslassen möchtet, laßt euch durch die Energie zufließen, was ihr braucht ... Fühlt, was ihr losläßt und was ihr in euch aufnehmt.

(Rascheln. Seufzen. Alles wirkt lebhafter und die Frauen sind irgendwie lebendiger.)

Margo: Nun habt ihr die Energie umgewandelt. Eure Energie ist jetzt frei und klar. Schließt eure Augen und schaut mit dieser Klarheit in euch hinein, spürt in euch hinein, spürt die Kraft, die mobilisierende Kraft eurer Liebe und eurer Wutenergie ... Wenn ihr auf Überreste einengender Energie stoßt, dann stellt euch vor, wie sie durch eure Fußbögen in den Boden abfließt. ... Spürt eure Klarheit. Ihr seid in Kontakt mit den tiefsten Bereichen eures Seins. Eure Weisheit vermittelt euch eine Vision einer Zeit, in der eure ganze Schöpferkraft angeregt wird, unsere gesamte Kreativität – einer Zeit ohne Gewalt – und daß diese Vision in der Gegenwart umgesetzt wird. Diese Vision ist gegenwärtig, hier, im Augenblick. Unser Handeln schafft eine Gemeinschaft der Stärke, Unterstützung und Kreativität. Spürt die Resonanz unserer Energie ... Spürt, wie wir in Harmonie mit der Erde leben. Spürt, wie das ist, wenn die Kraft unseres Handelns eine Zeit ohne Gewalt hervorbringt. Unsere Gemeinschaft ist stark, bietet Schutz, ist kreativ und inspiriert uns – und sie existiert in der größeren Gemeinschaft. Durch unsere Energie, unsere Handlungen, wird diese Gemeinschaft umgewandelt und unsere Gemeinschaft wird sich auf die große Gemeinschaft, in der sie sich befindet, auswirken. Spürt, wie diese Energie in Bewegung gerät, den ganzen Planeten mit unterstützender Kraft, Kreativität und Harmonie umgibt ... Während wir uns auf diese Vision konzentrieren, wird unsere Energie zu einem Wegbereiter der Veränderung ... Spürt die gemeinsame Resonanz unserer Energie; spürt unsere Macht. Wenn wir heute hier auseinandergehen und uns wieder in die Welt begeben, soll alle Gewalt durch unsere Energie, unser Handeln entwurzelt und vernichtet werden. Mach dir deutlich, wie es dazu kommt – spüre, was du tun wirst, um Gewalt auszumerzen. Gewalt soll im Boden der Gesellschaft verschwinden, wo sie verkompostiert und so einen Nährboden für die Gesellschaft liefert, in dem Neues wachsen kann ... Unsere Vision wächst. Unsere Vision ist real und wird sich in die Wirklichkeit umsetzen. .... Spüre ihre Realität hier, im Augenblick.

(Die Energie im Saal ist gewaltig. Wir sind beeindruckt von unserer Kraft, die in der Stille noch stärker wirkt.)

Hallie: Legt eure Hände jeweils auf den Bauch der Frauen neben euch. Spürt, wie eure Energie durch eure Hände, eure Körper weiterfließt . . . Laßt beim Atmen allmählich einen Ton kommen – Energie, um in dieser Welt zu leben, während wir eine neue schaffen.

(Ganz langsam läßt jede von uns einen Laut ertönen, Laute, die zu einer Stimme anwachsen, die gleichzeitig tief und erdnah und hoch und klar ist. Siebenhundert Frauenstimmen – im Kampf vereint, sich durch Gewalt und Visionen bewegend – erheben sich, schwellen an und verstummen . . .)

Hallie: Wir sind Frauen, die aus ihrem unterschiedlichen Zuhause, ihren Lebenszusammenhängen, Rassen, Klassen, Einstellungen zu Sexualität und unterschiedlichen wirtschaftlichen Situationen zusammengekommen sind. Wir haben uns getroffen, um unsere Stärke und unser Wissen miteinander zu teilen, damit wir uns selbst und die Welt von Gewalt befreien können. Negative Energie haben wir jetzt umgewandelt.

(Wieder reagieren Hunderte von Stimmen auf unseren neuen Gesang:)

Wir kennen Gewalt; wir beenden Gewalt . . . Wir kennen Schmerz; wir heilen . . . Wir wissen um das Leiden; wir bringen Veränderung . . . Wir sind Frauen. Gemeinsam sind wir stark. Gemeinsam sind wir Schwestern. Gemeinsam sind wir Liebende. Gemeinsam sind wir Arbeiterinnen. Gemeinsam sind wir Lehrerinnen. Gemeinsam sind wir Heilerinnen.

Hallie: Spürt, wie ihr diesen Ort verlassen werdet. . . . Spürt, wie ihr sein werdet, wenn ihr die Straße entlanggeht . . . Spürt, wie ihr in den kommenden Wochen und Monaten anders handeln und denken werdet als Folge unseres Zusammenseins. Spürt, wie sich euer Leben verändert hat.

Der Kreis ist offen aber undurchbrochen. Der Kreis besteht in unserem Herzen weiter. Der Kreis besteht in unserem Geist weiter. Der Kreis besteht in unserem Körper weiter. Der Kreis besteht in unserem Leben weiter. Wir sind der Lebenskreis.

Das Zeitalter der Frau

Viele Historiker und geistige Lehrer haben diese Ära als »Zeitalter der Frau« bezeichnet. Die Welt bedarf unserer Weisheit und unserer Kraft, die ihr helfen, das Gleichgewicht wiederherzustellen, das in menschlichen Beziehungen, in der Umwelt und in unserem eigenen inneren Selbst so dringend nötig ist. Deine Zukunft und die Zukunft der Welt liegen in deinen Händen. In was für einer Welt möchtest du leben? Wie kannst du die Anregungen und Perspektiven dieses Buches anwenden oder umwandeln, um die Welt zu schaffen, die du dir wünschst? Wie kannst du mit anderen zusammenwirken, um das zu erreichen?

Denk daran, daß wir als Frauen stark sind. Wir erschaffen die Welt. Die Kraft zur Erschaffung und Umwandlung aller Dinge ist in uns. Ich hoffe, daß dieses Buch eine Hilfe auf deinem Weg ist, ein Wegbereiter, um deine weibliche Spiritualität zu entwickeln, die Kraft des Lebenskreislaufs in dir selbst, deiner Gemeinschaft und des ganzen Planeten zu spüren. Nimm das, was nützlich und wichtig für dich ist und erfülle es mit deinem eigenen Geist. Welchen Weg du auch einschlägst, so ist er letztlich dein eigener. Viele andere werden sich auf diesem Weg zu dir gesellen.

Dank

Unser aller Leben ist so sehr miteinander verwoben, daß es unmöglich ist, all die verschiedenen Stränge voneinander zu unterscheiden. So geht es mir auch mit all den Menschen, die mich und dieses Buch beeinflußt haben. Es ist mir nicht möglich, alle einzeln zu nennen, viele werden sich jedoch auf diesen Seiten wiederfinden. Mein Dank gilt allen, einigen für die jahrelange Unterstützung, anderen für die Teilnahme an Gruppen in weiblicher Spiritualität, an Konferenzen und Ritualen, und wieder anderen einfach für die spürbare Präsenz.

Über all die Jahre gab es Menschen, die mir direkt und beständig unschätzbare Hilfe zuteil werden ließen. Ich danke Anne Armstrong für ihre psychologische Unterstützung und ihren gesunden Menschenverstand, die mich durch mehrere größere Umbruchphasen geleitet haben. Durch die Information, die ich in einer von Anne Barnett geleiteten Meditation erhielt, gewann ich das Vertrauen, trotz jahrelanger Hindernisse unbeirrt an dem Buch weiterzuarbeiten. Die heilenden Hände und handfesten Ratschläge von Doris Breyer halfen mir durch viele Jahre des Wachsens hindurch. Romilly Grauer half mir, Türen zu wunderbaren Orten zu öffnen und erleuchtete meinen Weg mit ihren Liedern und ihrem Humor.

Eine Reihe von Leuten haben bei der Herstellung des Buches eine Rolle gespielt. Weder das Buch noch ich wären ohne die einfallsreichen redaktionellen Ratschläge von Mary Jean Haley das, was wir jetzt sind. Venetia Young hat beim Abschreiben des Manuskripts geduldig meine vielen Abänderungen gedeutet. An einem kritischen Punkt hat Vicki Noble das Manuskript gelesen und mir auf psychischer und konkreter Ebene wichtige Hilfe angeboten. John Loudon trug viele gute Vorschläge bei.

Vier Menschen bin ich besonders dankbar. Als erstes meinen Eltern, Harriet und Francis Iglehart, für ihren Glauben an mich und ihre Unterstützung in all den Jahren. Außerdem danke ich Anne Kent Rush, die mir als erste vorschlug, weibliche Spiritualität zu lehren und mir in all den Jahren immer großzügig mit ihrer Hilfe zur Seite stand. Schließlich halfen mir die Weisheit und Ausdauer von Marcelina Martin, die Arbeit zu Ende zu bringen.

Ich danke euch allen. Dieses Buch ist euch gewidmet und allen, denen weibliche Spiritualität wichtig ist. Möge es euch ebenso helfen wie mir.

Anmerkungen

[1] Einige dieser Übungen sind auf Englisch auf Tonkassette erhältlich (*Womanspirit Meditation Tape* von Hallie Austen Iglehart,
mit Originalharfenmusik von Georgia Kelly). Informationen über
diese Kassette, Diashows, Reproduktionen (Fotos und Karten),
Konferenzen, Workshops, Veröffentlichungen oder andere Quellen aus dem Bereich »Weibliche Spiritualität« sind gegen Einsen-
dung eines an dich selbst adressierten Umschlags und eines
Dollars in internationalen Antwortscheinen erhältlich von: Hallie
Iglehart, Box 697, Pt. Reyes Station, Ca. 94956, U.S.A., oder
Women in Spiritual Education (W.I.S.E.), 1442 A Walnut Street
No. 313, Berkeley, Ca. 94709, U.S.A.

[2] Elsa Gidlow: *Moods of Eros*, Druid Heights Press, Mill Valley,
Californien, 1970, S. 20.

[3] Elizabeth Gould Davis: *Am Anfang war die Frau*, Frauenoffensive, München 1977.

[4] Helen Diner: *Mothers and Amazons*, Anchor Press/Doubleday,
Garden City, New York 1973.

[5] Merlin Stone: *When God Was a Woman*, The Dial Press, New
York 1976.

[6] dies. ebd.

[7] Anne Kent Rush: *Mond, Mond*, Frauenoffensive, München
1978.

[8] Ausgewählte Literatur zu diesem Thema:
Campbell, Joseph: *Mythen der Welt*, Bucher, Frankfurt 1976.
Hawkes, Jacquetta: *Geburt der Götter*, Hallwag, Bern/Stuttgart
1972. Lhote, Henri: *Zu den Ahnen der Tuareg*, Arena, Würzburg
1976. Matz, Friedrich: *Kreta und Frühes Griechenland*, Holle,
Baden-Baden 1962. Mellaart, James: *Catal Hüyük, Stadt aus der
Steinzeit*, Lübbe, Bergisch-Gladbach 1967. Neumann, Erich: *Die
große Mutter*, Rhein-Verlag, Zürich 1956. Piggott, Stuart: *Vor-
geschichte Europas*, Kindler, München 1972. Rush, Anne Kent:
Mond, Mond, Frauenoffensive, München 1978.
Andere Bücher und Informationen über Grundlagenwissen in
präpatriarchalischer Geschichte und anderen Aspekten weiblicher Spiritualität erhältst du in Bibliotheken, Frauenbuchläden,
Esoterik-Buchläden und Spezialabteilungen größerer Buchlä-
den.

[9] Alexander Marschak: »Exploring the Mind of Ice Age Man«, *National Geographic* magazine, Januar 1975.

[10] Persönliche Mitteilung.

[11] Edwin G. Steinbrecher gibt in: *Inner Guide Meditation*, Aquarian Press, Northants 1982, detaillierte Anleitungen zur Arbeit mit einem/er inneren Ratgeber/in in Verbindung mit Tarot und Astrologie.

[12] Später entdeckte ich in Patricia Garfields Buch *Kreativ träumen*, Ansata, Interlaken 1980, die »Senoi-Checkliste«, die ein gutes Hilfsmittel für mich war.

[13] Ein Buch, das sehr anregend für deine Träume und die Arbeit mit einer Gemeinschaft sein kann, ist von Dorothy Bryant: *Die Insel der Ata*, Knaur, München 1985.

[14] Apuleius: *Der goldene Esel. Metamorphosen.* Hrsg. u. übers. von Edward Brandt, Tusculum-Bücherei bei Heimeran, 1958, »Isis«, S. 461.

[15] Dieses Zitat entstammt der Abschlußarbeit meiner Mutter, Harriet Iglehart, mit der sie im Jahre 1975 ihren akademischen Grad erwarb.

[16] Andreas Rogers: *Los Caracoles: Historia de sus Letras*, Rico Publishing, Washington 1973, S. 70.

[17] Luisah Teish: *The Calabash of Memories* (unveröff. Manuskript).

[18] Marija Gimbutas: *Goddesses and Gods of Old Europe, 6500–3500 v. Chr.: Myths and Cult Images*, Thames & Hudson/ University of California Press, London und Berkeley 1974.

[19] Persönliche Mitteilung. Siehe auch: Geoffrey Ashe: *The Virgin*, Routledge & Kegan Paul, London und Henley 1976, der über die Göttin und die Jungfrau Maria schreibt.

[20] Elizabeth Gould Davis: *Am Anfang war die Frau*, a. a. O.; Merlin Stone; *When God Was a Woman*, a. a. O. und *Ancient Mirrors of Womanhood*, Bd. 1 u. 2, New Sibylline Books, New York 1979.

[21] Vgl. Anmerkung [8] dieses Buches.

[22] Lynn Andrews: *Die Medizinfrau. Der Einweihungsweg einer weißen Schamanin.* Reinbek b. Hamburg, Rowohlt Taschenbuch (rororo transformation 8094), 1986, S. 110, 112, 125.

[23] Barbara Ehrenreich und Deidre English: *Hexen, Hebammen und Krankenschwestern*, Frauenoffensive, München 1986.

[24] Der Kampf gegen Naturheilpraktik dauert bis zum heutigen Tag an, besonders seit sich die Schulmedizin durch das wachsende Interesse an Naturheilkunde bedroht sieht. In Amerika z. B. sind erfolgreiche Hebammen, Kundige in Fußreflexzonenmassage,

Kräuterkundige und Homöopathen – sowohl Frauen wie auch Männer – verhaftet worden, da ihre Heilkraft an Einfluß zunimmt. Es müssen Regelungen für eine Qualitätskontrolle geschaffen werden, und das ist nur möglich, wenn in Amerika die Naturheilkunde anerkannt und legalisiert wird.

[25] Margo Adair: *Working Inside Out: Tools for Change* (unveröffentl. Manuskript).

[26] Persönliche Mitteilung.

[27] Elsa Gidlow: »Chains of Fires« in: *Moods of Eros*, a. a. O. Elsa Gidlow, über achtzig Jahre alt, zur Wintersonnwende geboren, sammelt jedes Jahr Freunde um sich und entzündet mit einem Span aus dem vorjährigen Feuer ihre Wintersonnwendfeuer. In ihrer (noch unveröffentlichten) Biographie schreibt sie: »Ich begann im Jahre 1941, als ich meine erste Feuerstelle besaß, mit diesem Brauch. Ich bewahrte die Rückstände dieses Feuers auf und habe danach jedes Jahr das Wintersonnwendfeuer mit der Holzkohle des vergangenen Jahres entzündet. Mir gefällt dieses Gefühl der Kontinuität, nicht nur in den Jahren meines eigenen Lebens, sondern auch mit allen Frauen der Vergangenheit. Erst 1954 schrieb ich dieses Gedicht, als eines Morgens mein Feuer wie von selbst entflammte, während ich es wie jeden Morgen anzündete.«

[28] Siehe Eleanor C. Marry: *The Year and Its Festivals*, Anthroposophical Publishing Company, London 1952.

[29] Weitere Anregungen für europäisch-amerikanische heidnische Rituale siehe Starhawk: *Der Hexenkult der Ur-Religion der Großen Göttin*, Bauer, Freiburg i. Br.[2] 1985; Z. Budapest: *The Holy Book of Women's Mysteries*, Susan B. Anthony Coven No. 1, Oakland 1979.

[30] Ich danke Yvonne Rand für ihre Anregungen.

Fotonachweis

Foto Simboliche Nr. 9, Editrice Elle Di Ci, Torino: Umschlagfoto; Alinari/Art Resource, Inc.: S. 33; Marcelina Martin: S. 68, S. 79, S. 155; University Museum, University of Pennsylvania, Philadelphia: S. 113; Mary Hope Whitehead Lee: S. 137.